JN082480

物流・トラック運送の
実務に役立つ

運行管理者（貨物）必携

ポケットブック第2版

鈴木邦成［著］

交通法規
の遵守

労務管理
の徹底

物流改善
ポイント

日刊工業新聞社

はじめに

　企業経営における物流の役割は日増しにその重要性を高めています。なかでもトラック輸送は物流のキモともいえる大きな存在です。日々のトラック輸送がしっかりと行われなければ、物流もサプライチェーンも滞ることになってしまいます。

　しかし、近年は少子高齢社会の到来や若者の「クルマ離れ」などもあり、トラックドライバー不足が大きな社会問題ともなっています。

　加えて、2024年4月から働き方改革関連法により、トラックドライバーなどの時間外労働に上限規制が導入されます。

　トラックドライバーは、業務の都合上、どうしても長時間労働になりやすく、時間外労働も避けられない状況にありましたが、きびしい規制が設けられたことで、運行管理業務についても大きな見直しが必要となりました。

　これまで以上に運行管理者（貨物）の役割は重要性が増すことになりますし、それと同時に果たすべき責任も重くなることでしょう。

　運行管理者（貨物）は原則として事業用自動車の運行を管理するすべての事業所に配置されなければならない国家資格です。また、近年は物流企業などで、昇進・昇格の要件に加えられるケースも増えています。したがって資格試験の受験に際しても、入念な知識の確認を行う必要があるわけです。

　しかし、資格試験に受かるための知識と実際の実務知識は別物ともいえます。とくに、働き方改革関連法により大きく変わりつつある運行管理者の日常業務を、実務に役立つ視点から整理しておくことも重要になってきます。すなわち、せっかくの資格を活用するためには、資格試験対策本よりもさらに実務に近い視点からの解説書があればベストということになります。

そこで本書では、資格取得後の実務に役立つことを視野に入れ、トラック輸送における運行管理の実務にスポットを当てました。本書を傍らに置いておくことで、資格取得後の実務に際しても必携のポケットブックとして、疑問が生じたときの再確認、フィードバックに活用できるようにしました。もちろん、運行管理者（貨物）資格者をお持ちでない方で関連業務を行っている物流担当者やこれから資格を目指す学生、社会人の方々も、本書によってトラック輸送の運行管理業務の概要を把握できます。近年話題となっている、トラックドライバーの働き方改革への理解も深まることになるはずです。

　本書の構成は、まず第1章で「重要性を増す運行管理（貨物）業務」について説明したあと、第2章「運行管理業務の流れ①　点呼と積載量の確認」、第3章「運行管理業務の流れ②　運行・乗務記録の管理・保存」、第4章「安心・安全なドライバー管理と運輸安全マネジメント」、第5章「トラックの運行業務に必要な実務知識」、第6章「運行管理実務に役立つ貨物輸送の改善ポイント」とし、運行管理の実務知識を物流・ロジスティクスの視点から整理しました。なお本書は好評を博した初版を、改善基準告示の改正にあわせて改訂した第2版となります。

　本書を読むことで、読者の皆さんが運行管理の実務においても大きく飛躍されることを祈ってやみません。

鈴木邦成

目　次

第1章　重要性を増す 運行管理（貨物）業務

第2章　運行管理業務の流れ①
点呼と積載量の確認

第3章　運行管理業務の流れ②
運行・乗務記録の
管理・保存

第4章　安全・安心なドライバー管理と運輸安全マネジメント

第5章　トラックの運行業務に必要な実務知識

第6章　運行管理実務に役立つ貨物輸送の改善ポイント

付 録

コラム

重要性を増す
運行管理（貨物）業務

トラック運送の司令塔となる運行管理（貨物）業務

　貨物輸送にトラックが初めて採用されたのは明治時代といわれています。しかし、実際にトラック輸送が貨物輸送の花形となったのは第二次世界大戦後のことです。現在、トラック輸送は貨物輸送の約90％（トンベース）を占めており、現在の多くの企業の物流システムはトラック輸送を前提に構築されています。

　現在、トラック運送事業者の数は約6万3000社に達し、その多くが中小事業者で過当競争が続いています。そのため、運賃は低下し、経営的に窮地に追い込まれる中小事業者も増えています。

　その反面、トラック運送業界の市場規模は、これまで拡大の一途をたどってきました。**トラック輸送は面的な輸送に柔軟に対応できるという利点を持っており、物流拠点や店舗などへのアクセス性にも優れているためです。**また、宅配便などのドア・ツー・ドアの輸配送にも欠かせません。ただし、近年は地球環境にやさしい輸送を実現するという観点から鉄道輸送や海運に対する評価も高まっています。トラック輸送に鉄道や海運を組み合わせることで「複合一貫輸送（モーダルシフト輸送）」を実現しています。

　ただし、近年のトラック運送業界はドライバー不足という深刻な問題を抱えています。「若者のクルマ離れ」などがマスコミで取り上げられることも少なくありませんが、トラックドライバーについても若者の志願者が減少しています。もちろん、そうなれば日本の物流網は麻痺してしまうことになりかねません。そこで、業界ではトラックドライバー職が若者に敬遠される要因になっている長距離輸送、長時間労働について、トラックドライバーを短い距離で交代させていく「中継輸送」を奨励しています。さらに、労働条件の改善に乗り出すことで若者にとってトラックドライバー職を魅力あ

るものにするように努めています。また、労働環境・労働基準の整備や運行の安全確保にも、働き方改革の流れのなかで力を入れるようになってきました。

そして、その流れのなかで近年、注目が集まっているのが「運行管理（貨物）業務」です。**一般貨物自動車運送事業者は、運行管理者資格証の交付を受けている者から運行管理者を選任します。**「貨物自動車運送事業法」などに基づいて、トラックドライバーの乗務割の作成、点呼による乗務員の疲労・健康状態などの把握、道路状況や天候状況などをふまえた安全運行の指示などが主たる職務となります。トラック運送事業者の営業所などには、車両数に応じた運行管理者（数）の配置を義務づけているのです（表）。

現代物流における輸配送およびトラック運送の役割はきわめて大きいといえるでしょう。運行管理は、その輸配送の中核的な業務であり、企業経営における物流の重要性が高まるほど、運行管理業務の果たす役割も大きな注目を集めることになります。

表　運行管理者の配置数

事業用自動車の両数（被牽引車を除く）	運行管理者
29両まで	1人
30両から59両	2人
60両から89両	3人
90両から119両	4人
120両から149両	5人
150両から179両	6人
180両から209両	7人
210両から239両	8人
240両から269両	9人
270両から299両	10人

出典：国土交通省の資料をもとに作成

物流の中核を担う
トラック輸送・トラック運送業

☞「物流の主役」でもあり、柔軟かつ面的な輸送を行えるトラックをより安全に運行させる必要性が高まっています。

ここがポイント！

▶ 物流の基軸となるトラック

貨物輸送の90%はトラック輸送（輸送機関別分担率：トンベース）になります。

▶ 中小企業が中心のトラック運送事業者

車両数20両以下の事業者が全体の約80%。トラック運送事業とは「不特定の荷主の荷物を有償のトラックで運送する事業」（貨物自動車運送事業）をいいます。

▶ 貨物自動車運送事業には、「一般貨物自動車運送事業」「特定貨物自動車運送事業」「貨物軽自動車運送事業」がある

「特別積合せ貨物運送」は一般貨物自動車運送事業の一部です。また、「貨物自動車利用運送」は、一般貨物自動車運送事業や特定貨物自動車運送事業の業務の一部になります。

▶ トラック運送事業に従事する従業員は約200万人

少子高齢化でトラックドライバー不足が深刻化しています。

▶ トラック運送事業者数は約6万3000社

平成2年の「貨物自動車運送事業法」の施行による規制緩和以降、新規参入事業者が増加して、令和3年には6万3251社に達しています。

解 説

貨物運送業（トラック運送業、鉄道貨物運送業、内航海運業、外航海運業、港湾運送業、利用運送業）に、倉庫業とトラックターミナル業を加えた、モノの流れにかかわるサービスを総称して物流業といいます。自家貨物を輸配送する白地のナンバープレートである自家用トラックと、他者の貨物を有償で運ぶ営業用トラック（緑地のナンバープレート）の2種類のどちらかが用いられます。

このうち貨物自動車運送事業については、貨物自動車運送事業法で「一般貨物自動車運送事業」と「特定貨物自動車運送事業」「貨物軽自動車運送事業」に分類されます。

なお、本書で主として取り上げる運行管理（貨物）業務は一般貨物自動車運送事業が中心となりますが、一般貨物自動車運送事業のなかには、営業所で集貨された貨物の仕分けを行い、他の事業場に運送してからまた貨物の配達に必要な仕分けを行うというかたちで、定期的な運送便に貨物を積み合わせて運送する「特別積合せ貨物運送」もあります。

また、荷主との運送契約により自社以外の運送事業者を利用して最適な輸送手段を提供する「貨物自動車利用運送」もあります。荷主に対し、集荷・幹線輸送・配送・配達までの一貫運送を行う第2種と、第2種以外の第1種に分けられます。

◎関連法令
貨物自動車運送事業法第1条／貨物利用運送事業法第2条

すべての事業用自動車営業所で運行管理者を選任

☞一般貨物自動車運送事業者は、運行の安全確保のために法令で定められた数の「運行管理者」を選任しなければなりません。

☞複数の運行管理者を選任する場合は、それらの業務を統括する「統括運行管理者」を選任しなければなりません。

ここがポイント！

▶ **運行管理者はトラックドライバーを適切に管理**

乗務員の休憩・睡眠時間の確保、乗務割の作成などを行います。

▶ **運行に関する一連の書類などの記録・保存**

運転者台帳、運行指示書の作成、運行記録計の管理・記録の保存などを行います。

▶ **酒気帯び状態での乗務防止、過積載運送防止の指導・監督**

貨物の積載方法を指導・監督し、乗務員の健康状態も把握します。また、長距離運転、夜間運転では交替のトラックドライバーを配置します。

▶ **事故内容を記録・保存し、その防止対策を講じる**

異常気象などの発生に際しては安全確保に必要な措置を講じます。また、事故防止対策について乗務員、従業員を指導・監督します。

{(当該事業所管理の事業用自動車台数)－(被牽引自動車台数)}÷30＋1

※1未満の端数は切り捨て

解　説

　物流・ロジスティクスの中核に位置するトラック運送には、長距離輸送、長時間労働のイメージがついて回ります。また、ムリな運行計画による過密運行や法律で定められている以上の貨物をトラックに積み込む過積載、あるいは酒気帯び運転などに起因する交通事故が大きく報じられることも少なくありません。さらには、トラックドライバー不足も深刻化の一途をたどっています。

　こうした状況を改善するためには、交通の秩序を守り、安全・安心なトラック運送を実践する必要性が高まってきました。

　そうした流れのなかで「貨物自動車運送事業輸送安全規則」が改正され、すべての事業用自動車営業所での運行管理者の選任が義務づけられました。トラック運送事業者は運行の安全確保のために、法令で定められた数の運行管理者を選任しなければなりません。

　さらに、運行管理については運行管理者などの物流企業の関係者のみならず、貨物を預ける立場にある荷主企業の物流担当者も「荷主の配慮義務」を負うことになりました。貨物自動車運送事業法は許認可を受けたトラック運送事業者を対象とする法律ですが、荷主にも責任が及ぶことが明示されているのです。なお、荷主については貨物を発送する「発荷主」だけでなく、配送・納品先の着荷主、さらには利用運送事業者などの元請け運送事業者も含まれます。

◎根拠法令など
貨物自動車運送事業輸送安全規則第20条

点呼、整備の徹底と乗務の記録・保存

☞運行管理者は、トラックドライバーについて乗務前、乗務途中、乗務後の点呼を行います。

☞トラックドライバーは、健康、体調など、自己管理をしっかり行い、安全に十分に気を配り乗務します。

☞使用車両が法で定める台数に達した場合、整備管理者を選任しなければなりません。

ここがポイント！

▶ **乗務前点呼、乗務途中点呼、乗務後点呼**

日次レベルでの運行管理の中心業務は、点呼と乗務・運行記録があります。

▶ **安全・安心な乗務を行える環境の点検**

「夜ふかしをしていないか、寝不足になっていないか」をチェック／安全・安心を念頭に乗務前の服装をチェック／トラック車内外の5S（整理・整頓・清掃・清潔・躾）の徹底を行います。

▶ **トラックの日常点検、定期点検を徹底**

整備管理者を選任し、使用車両のブレーキ、ペダル、タイヤ、バッテリー、ワイパー、方向指示器、灯火装置、エアタンクなどに異常がないか点検します。乗務前に1日1回の日常点検と、3カ月ごとの定期点検を行わなければなりません。

　運行管理者は、運行開始前に定められた場所で乗務を開始しようとするトラックドライバーに対して点呼を行います（営業所または車庫で、対面で行います）。運行管理者がトラックドライバーの体調、健康状態を直接、チェックするのです。トラックドライバーに異常が見られた場合などには、そのまま乗務させることはせず、代替のトラックドライバーを用意するなどの対策を講じます。

　使用する車両については、運行の開始前に道路運送車両法に基づいて日常点検を行います。車両に異常があれば整備を行い、異常を取り除くなどの対処が必要です。乗務後についても同様にトラックドライバーと対面して点呼を行います。

　運行管理者は、トラックドライバーの乗務前および乗務後のいずれも対面点呼ができない場合は、運行指示書を作成してトラックドライバーに運行経路、交替地点などを指示しなければなりません。トラックドライバーは、運行指示書を携行しなければなりません。さらにこの場合、乗務途中に電話などの方法で点呼を行います。運行の安全を確保するために必要な指示を出し、酒気帯びの有無、疾病その他の理由により安全な運転ができない恐れの有無を確認します。ただし、メールやファクスでの点呼は認められていません。

　「乗務等の記録」（運転日報など）については、当該乗務を行ったトラックドライバーごとに運行記録計により瞬間速度、運行距離、運行時間が記録され、1年間の保存がトラック運送事業者には義務づけられています。またトラックドライバーの待機場所、到着、出発、荷積み・荷卸し時間なども記載対象です（車両総重量8トン以上または最大積載量5トン以上の場合）。

◎関連法令
貨物自動車運送事業法第18条／貨物自動車運送事業輸送安全規則第7～9条

運行管理を徹底し、運輸安全マネジメントを推進

☞大手・中堅のトラック運送事業者を中心に「運輸安全マネジメント制度」による安全管理体制が整備されています。

☞トラック運送事業者は、経営トップから現場までが一丸となって自社の安全管理体制を構築し、安全確保に継続的に取り組み、これに対して国は「運輸安全マネジメント評価」を実施します。

☞すべての自動車運送事業者は、安全マネジメントを実施し、輸送の安全性の向上に努める義務があります。

ここがポイント！

▶ **安全方針、安全重点施策を明記した「安全管理規程」を作成**

保有車両が300両以上のトラック運送事業者は、安全管理規程を作成する義務があります。

▶ **自動車運送事業の安全マネジメントに関する基本的な方針**

輸送の安全に関する研修を行うほか、安全に関する管理・確認をしっかり行い、適時、業務の改善などを行うことも努力義務とされています。

▶ **輸送の安全に関する基本的な方針・目標・達成状況**

事故に対する統計や事故後の改善状況などについても報告します。

　トラック運送事業者は、**安全マネジメントに関する指針・安全方針をしっかりと築き上げる努力義務があります。**交通事故などを防止し、輸送の安全を図ることを目的に、たとえば「安全重視のロジスティクスの実践」などの安全方針を作成し、社内に掲示したり、点呼の際に唱和したりするなど、社内にその安全方針を浸透させる必要があります。さらに、安全方針に基づく目標を作成します。目標は具体的に「貨物事故ゼロを目指す」などとするのがよいでしょう。関連の物流KPIの目標値を設定するのも一つの方法です。

　目標を実現するために、年次レベルで「どのような講習を実施していくか」などの目標を達成するための計画も策定します。トラックドライバーだけでなく、運行管理者、経営トップなども、共通の認識として安全関連の講習を中長期的な視点もふまえて受講できる社内体制を構築していくとよいでしょう。

　自動車運送事業の経営トップが現場と一丸になって安全マネジメントを実践することも重要です。**経営トップは、運行管理者や現場のトラックドライバーなどの安全に関する意見を適時、ヒヤリングするようにします。意見交換会を開催したり、経営トップがトラックドライバーや運行管理者などと個人面談を定期的に行ったりすることも効果的です。**トラック運送の現場では、さまざまなヒヤリハットが生じている可能性が小さくありません。「ここは危ないのでこのように改善したらいいのではないか」という提案や情報を共有することで事故などのリスクを未然に解消し、より安全・安心な運行を実践していくことが可能になるわけです。

◎関連法令
貨物自動車運送事業に係る安全マネジメントに関する指針第1条〜第15条／貨物自動車運送事業法第15条

荷主企業との相互理解を図りつつ、輸配送サービスを最適化

☞輸配送におけるトラブルによる貨物の破損、汚損を防ぎましょう。

☞誤出荷・誤配送がないように正確な輸配送を心がけましょう。

☞効率的で事故のない安全・安心な輸配送サービスを実現しましょう。

ここがポイント！

▶ 積込み、積卸しに際しての貨物の取扱いに注意

荷役にかかわる作業からトラックドライバーを解放する「荷役分離」の流れが出てきています。また、テールゲートリフター業務については特別教育が義務化されました。

▶ 指差し呼称の励行

誤配送防止の意識を高めるために、荷渡しの際には確認の指差し呼称を励行します。

▶ 効率的、合理的で事故の少ない輸配送経路の選択・設定

TMS（輸配送管理システム）を導入、活用することで経路最適化を図り、ムリ、ムダ、ムラのない輸配送ルートを策定します。さらに、バース予約システムを活用し、荷待ち時間の最小化を図ります。また、必要に応じて求荷求車システム、輸送マッチングサービスなどを用いて帰り荷の確保を図ります。

　物流コストに占める輸配送コストの割合が50％超となっていることなどをふまえ、荷主サイドからはコスト面での負荷の小さい輸配送サービスが求められてきました。

　しかし、トラックドライバー不足が深刻化する現状では、運賃は上昇傾向にありますし、積込み、積卸しなどの運送業務以外の附帯作業に関しては、料金が設定されました。また、燃料費、人件費などの高騰もあり、トラック運賃についても「運賃を安く抑えて、仕事を確保する」とトラック運送会社が考えることもなくなりました。むしろ「荷捌きの効率化を推進するために、パレットやかご台車を積極的に活用する」という動きが現れています。

　それでも荷主がコストダウンにこだわれば、**必要車両の確保が難しくなったり、輸配送の品質が低下したりするリスクが出てきます**。「乗務員が十分な休憩をとれない」「タイヤ交換などのコストを節約する」などといったことになれば、輸送サービスの安全性が脅かされることになります。

　したがって、荷主には「過度なコストダウンを要求しない」ことが望まれますし、他方、トラック運送会社には「過度な要求をのむかたちでは仕事を引き受けない」という決断も求められるのです。「**交通事故（貨物事故、人身事故）などを起こさず、正確に荷受先に運送を行い、加えて取扱貨物に汚損、破損が発生しない**」という安全安心なサービスを実現するためには、相応のコスト負担も求められることになるのです。2024年4月からの改正法施行で、この流れはさらに加速していくことになります。

◎関連法令
貨物自動車運送事業法第10条

ホワイト物流の推進で
トラックドライバー不足
時代に適応

☞トラックドライバーを、若者にとって魅力ある
　仕事として社会にアピールしましょう。

☞十分な労務管理を行い、女性、高齢ドライバー
　にとっても働きやすい環境作りを行いましょう。

☞モーダルシフト輸送、中継輸送、自動運転な
　ど、トラックドライバー人材難を見据えた解決
　策を研究しましょう。

ここがポイント！

▶ホワイト物流を推進

　長距離輸送、長時間労働などの物流業界のイメージを払拭するために、中継輸送などの導入を推進して、労働条件の改善を図ります。ホワイト物流を推進することで、トラックドライバーが魅力と夢のある職業となるように努めます。

▶トラック運送業界への入職促進

　トラック運送業界の魅力の向上を図り、女性の活躍を促進するなど、さまざまな人材育成に向けた取り組みをきめ細かく実施していく必要があります。

▶物流改善の工夫で人材難の克服を目指す

　鉄道や船舶による輸送とリンクしたモーダルシフト輸送や、長距離輸送の負担を軽減した中継輸送などを導入し、トラックドライバー不足への対応力を強化します。

解 説

　少子高齢化の影響によるトラックドライバー不足が、物流業界にとっての深刻な問題となっています。トラックドライバーの全体数が大きく不足してきたのに加え、主力となるトラックドライバーの年齢層が高齢化してきました。

　他方、若年層にとっては長時間労働、長距離勤務の多いトラック運送業界は魅力的な職場とはいえないという声が増えています。

　そこで、トラック運送業界では業界全体のイメージアップなどを積極的に進めてきました。トラックドライバーが社会にとってきわめて有用でやりがいのある職業であることを広くアピールしてきました。長時間労働などを強制しない「ホワイト物流」の推進にも力を入れる企業が増えてきました。

　また、働き方改革の一環として「自動車運転者の労働時間等の改善のための基準」（改善基準告示）が改正され、トラックドライバーの時間外労働時間に上限が設けられました。さらに、個々のトラックドライバーが日帰り可能な距離をリレー方式でつないでいく「中継輸送」の導入も進んでいます。トラックの代わりに鉄道や船舶を活用するモーダルシフト輸送も普及してきました。

　ちなみに旅客運送であるバスについては、道路交通法では「レベル4」（限定された条件下での高度運転自動化）の自動運転が過疎地において解禁されています。深刻なドライバー不足をDX（デジタルトランスフォーメーション）で補完していくことになるわけです。

　トラックについても、自動運転の導入への動きが加速しています。近い将来には、無人トラックが物流を担う日が来るかもしれません。

◎**根拠法令など**
労働基準法第15条、貨物自動車運送事業法輸送安全規則第3条

円滑なトラック運送に必要な運送約款

☞運送契約は運送約款に基づいて行われます。
☞物流企業などが運送行為に際して不特定多数の利用者との契約で前もって作成した、定型化された普遍的な契約条項が運送約款です。

ここがポイント！

▶ 国土交通大臣の認可が必要

一般貨物自動車運送事業者が運送約款を定める際、あるいは変更しようとするときも、国土交通大臣の認可を受けなければなりません。このような仕組みになっているのは、当該運送事業者が自らの都合だけを考えて運送約款を定めないようにチェックするためです。

▶ 利用者の利益を考慮した標準運送約款が定められて公示

標準運送約款を利用するならば、認可を受けたものとみなされます。手続きも必要ありません。

▶ 標準運送約款のアウトラインを確認

標準貨物自動車運送約款（標準運送約款）は、総則、第2章「運送業務」（第3条〜第59条）、第3章「附帯業務」第60条〜第62条）通則（第3条〜第5条）からなり、貨物の受け取り、引き渡し、運賃・料金、責任などを定めています。

解 説

　運送約款はトラック運送における憲法のようなものです。運送約款がしっかりしていなければ、安心して運送業務を行うことはできません。

　トラック運送事業者が自ら作成する場合には国土交通大臣の認可が必要ですが、標準運送約款を用いれば認可を受けたことと見なされるため、届出なども不要です。なお標準運送約款では、運賃と料金を区別して収受することになっています。

　標準運送約款の主な内容の一部を以下に紹介します。なお、標準運送約款に定めのない事項については、法令または一般の商慣習などによることになります。

①運送の順序

　運送の申込みを受けた順序により貨物の運送を行います。ただし、腐敗または変質しやすい貨物を運送する場合などは、その限りではありません。

②貨物の種類及び性質の確認

　貨物の運送の申込みがあったときは、その貨物の種類および性質を明示するように申込者に求めることがあります。また、貨物の種類および性質について申込者の申告が疑わしいときには、同意を得て、立会いのうえでその貨物を点検することがあります。

③運送状など

　荷送人は貨物の品名・発送地・到着地など、荷受人の氏名・商号・住所・電話番号、運送状の作成地とその作成の年月日などの事項を記載した運送状を、署名または記名捺印のうえ、一口ごとに提出します。

　運行管理者としても、運送約款については入念に目を通しておく必要があります。

◎関連法令
貨物自動車運送事業法第10条

運行管理業務に必要な
法令体系を理解

☞貨物自動車運送事業法、道路運送車両法、道路交通法、労働基準法の目的や各法の定める定義をきちんと整理しておきましょう。

ここがポイント！

▶ **貨物自動車運送事業の定義**

　一般貨物自動車運送事業、特定貨物自動車運送事業、貨物軽自動車運送事業を指します。有償で自動車（三輪以上の軽自動車および二輪の自動車を除く）を使用して貨物を運送する事業です。

▶ **道路運送車両法で規定されている5種類の「自動車」**

　普通自動車、小型自動車、軽自動車、大型特殊自動車、小型特殊自動車が規定されている自動車の種別です。なお、道路運送車両法と道路交通法では「自動車」などの定義が異なるので注意が必要です。

▶ **道路交通法で定められた過積載などの禁止**

　過積載の禁止（道路交通法57～58条など）、駐停車禁止（同44条）、駐車禁止（同45条）などに違反しないように注意しましょう。

▶ **労働基準法で労働条件の原則を把握**

　労働契約、休憩・休日などについて理解しましょう。

解　説

　運行管理業務を行うにあたっては、関連する法律をしっかり理解しておく必要があります。

　運行管理業務の骨格となる法律は貨物運送事業法（貨運法）です。同法を熟知することで、トラック運送における運行管理の一連のプロセスのなかで、どのようなことをどのようなタイミングで行えばよいかがわかります。

　加えて、道路運送車両法（車両法）を理解することで、トックなどの道路運送車両の定義、登録、臨時運行の許可、保安基準、点検・整備などの手続きなどを知ることができます。

　道路交通法（道交法）は自動車免許を所持している方にとってはなじみ深い法律ですが、**運行管理の視点からは、交通法規、交通マナーをきちんと守った安全運転をトラックドライバーが行うように、運行管理者が指導していくことがきわ**めて重要になります。

　労働基準法（労基法）についても運行管理の視点から、**ト**ラックドライバーが快適な労働環境で、安全・安心な職場環境で業務に打ち込むためにはどのような工夫をすればよいかというようなことに着目しながら理解する必要があります。「自動車運転者の労働時間等の改善のための基準」に定められた拘束時間などに関する取り決めを熟知していることも求められます。

　なお、運行管理業務を円滑に行う際には、これらの関連法令などに熟知しているだけでなく、交通安全や交通公害、さらには物流についての幅広い知識なども求められます。**SDGs（持続可能な開発目標）やグリーン物流などについて**も、実務に関連する必要な知識として押さえておきたいところです。

◎関連法令
貨物自動車運送事業法／道路運送車両法／道路交通法／労働基準法

貨物自動車運送事業法の目的と意義を理解

☞貨物自動車運送事業の運営を適正かつ合理的なものとします。

☞貨物自動車運送事業法および同法に基づく措置の遵守などを図るため、民間団体などによる自主的な活動を促進することにより、輸送の安全を確保します。

☞貨物自動車運送事業の健全な発達を図り、もって公共の福祉の増進に資するようにします。

ここがポイント！

▶ 貨物自動車運送事業法の目的と定義を理解

貨物自動車運送事業法と貨物利用運送事業法（旧・貨物運送取扱事業法）は「物流二法」とも呼ばれ、輸配送領域においては中核ともいえる法律です。貨物自動車運送事業法の第1条には、同法の目的が記されています。

▶ 貨物利用運送事業法の目的と定義を理解

貨物利用運送とは、荷主より預かった貨物を自社以外のトラック運送会社などを利用して運送を行う事業です。そのため、自社ではトラックを持たず、実運送を行っている他社の備車を活用します。なお、トラック運送の運賃・料金は荷主から利用運送事業者が受け取ります。

解 説

　ここまで本書で見てきたように、貨物自動車運送事業法は
トラック運送事業について定義し、その事業許可や安全確保
義務などについて規定した法律です。

　自動車運送に関する法律には道路運送法があります。道路
運送法は貨物運送だけではなく旅客運送も対象にしていま
す。物流の重要性が高まるにつれて、旅客運送とは特性が大
きく異なる貨物運送に関する法制化が必要になったのです。

　**貨物自動車運送事業法と貨物利用運送事業法（旧・貨物運
送取扱事業法）は、あわせて物流二法と呼ばれてきました。
これは成立した平成元年当時、40年ぶりの規制緩和の大改
正といわれました（昭和24年の通運事業法、昭和26年の道
路運送法以来）。ロジスティクスの高度化のために必要不可
欠と考えられた法整備でもありました。**なお、貨物利用運送
事業法の第1条は、「この法律は、貨物利用運送事業の運営
を適正かつ合理的なものとすることにより、貨物利用運送事
業の健全な発達を図るとともに、貨物の流通の分野における
利用者の需要の高度化及び多様化に対応した貨物の運送サー
ビスの円滑な提供を確保し、もって利用者の利益の保護及び
その利便の増進に寄与することを目的とする」としていま
す。第2条では実運送と利用運送がそれぞれ定義されていま
す。

　なお、事業用自動車で複数の荷主の貨物を有償で運ぶ一般
貨物運送事業と、届出が受理されれば開業できる、軽自動車
などで貨物を運ぶ軽貨物運送事業の違いも、しっかりと把握
しておく必要があります。

◎関連法令
貨物自動車運送事業法第1条／貨物利用運送事業法第1条

自動運転の可能性

　トラックドライバー不足の解消策として期待されている自動運転は実用化の段階に入りました。

　道路交通法が改正され、「レベル4」（特定自動運行）の自動運転が解禁されました。対象地域を管轄する公安委員会の許可を得たうえで、遠隔監視などの条件をクリアすれば公道での巡回サービスが可能です。

　安全面の課題をクリアしていく必要がありますが、近未来にはトラック運送は無人が基本となる可能性も十分にあるわけです。すでに中国では、港湾運送などで大規模な自動運転が展開されています。

　物流不動産の分野でもその流れを受けて、高速インターに直結するロケーションでの先進的大型物流施設の開発、建設が報告されています。一般道よりも自動運転にかかる負荷が小さいと考えられる高速道路の専用レーンなどでの運行が前提とされているのです。

　なお、道路交通法の改正に伴い「特定自動運行の許可制度」が創設されました。特定自動運行を行う際には、管理場所に「特定自動運行主任者」を指定、配置します。遠隔監視装置に加え、自動車にドライブレコーダーなどの映像・音声の確認装置も備え付けられることになり、「現場措置業務実施者」も指定されます。交通事故などが発生した場合には、特定自動運行主任者は最寄りの消防機関に通報し、現場措置業務実施者を現場に向かわせます。もちろん、最寄りの警察署にも事故発生日時などを報告します。

第2章

運行管理業務の流れ①

点呼と積載量の確認

常に安全な運行を念頭に トラック運送事業を開始!

☞一般貨物自動車運送事業を経営しようとする者は、国土交通大臣の許可を受けなければなりません。

☞一般貨物自動車運送事業者がその業務を行う場合には、事業計画に定めるところに従わなければなりません。

ここがポイント!

▶ **国土交通大臣の許可**

認可や届出ではなく、許可により、一般貨物自動車運送事業が始められます。

▶ **貨物自動車運送事業法、道路運送車両法に違反などすれば、事業の許可の取消しもありえる**

貨運法もしくは同法に基づく命令、もしくはこれらに基づく処分に違反したとき、または、道路運送法の規定による処分もしくは、許可もしくは認可に付した条件に違反したときなどには、「6カ月以内の自動車その他の輸送施設の使用停止命令」「6カ月以内の事業停止命令」、さらには最悪の場合、「許可の取消し」ということになります。

▶ **各営業所に配置する事業用自動車の種別ごとの数の変更、各営業所に配置する運行車の数の変更については、事前に届け出**

営業所ごとのトラック数を種別ごとに事前に届け出ます。事後届出ではなく、事前届出になることに注意しましょう。事務所、営業所などの名称変更は事後届出となっています。

解 説

昭和のバブル末期の規制緩和により、**トラック運賃はそれまでの認可制から事前届出、そして現在の事後届出へと移行**しました。現在はトラック運送事業者が運賃・料金を設定したり変更したりするときは、事後30日以内に届出書を所轄の地方運輸局に提出しなければなりません。

ちなみに、**トラック運送原価は車両費、燃料費、油脂費、タイヤ費、修繕費、車検費用、租税公課（自動車税、自動車重量税）、保険料（自賠責保険＋任意保険）、トラックドライバーの人件費、関連施設費、金利、高速道路料金、フェリー料金、事故処理費用などを加えて算出**します。

トラック運送事業者がトラック運送原価を算出することで、月ベース、あるいは1kmあたりにどれくらいのコストがかかるのかが明らかになり、それをもとに運賃を決めることができます。なお、運送原価は車両別、取引先別、運行ルート別などで細かく算出する必要があります。

さらに、**トラックドライバーの確保を念頭において、原価を回収できる運賃（対価）の収受を確実なものにするために、「標準的な運賃」が導入されました**。標準運賃は距離制運賃、時間制運賃に大別され、車両を貸し切って貨物を運送する場合の契約を前提に設定されます。また、元請け事業者の備車費用・管理費は含みません。実運送を行う際にかかる運送原価について算出します。積込み作業などの料金については標準的な運賃には含めないため、別途、収受する必要があります。

◎関連法令
貨物自動車運送事業法第3条、第4条、第8条、第9条、第11条、第33条

乗務前点呼では日常点検を確認し、トラックドライバーの健康状態をチェック！

☞運行管理者は乗務を開始しようとするトラックドライバーに対して対面での点呼を行います。

☞運行管理者はトラックドライバーに酒気帯びかどうか、疾病・疲労・睡眠不足などの理由で安全な運転ができないかどうか、さらに乗務する車両について日常点検を実施したかまたはその確認をしたかどうか、について報告を求めます。

☞運行管理者はトラックなどの運行の安全を確保するのに必要となる一連の指示をしなければなりません。

ここがポイント！

▶ 酒気帯びの有無の確認

対面による目視での確認だけではなく、アルコール検知器を用いてしっかり確認する義務があります。**貨物自動車運送事業法では、アルコールが微量でも検出されれば運転させることはできません。**

▶ 疾病・疲労・睡眠不足などのチェック

トラックドライバーからの報告だけでなく、顔色などを目視で観察することも大切です。ひどく咳き込む、高熱があるなどの状況では疾病の可能性があり、乗務を避けなければな

りません。

▶ 安全運行を確保するための指示

道路交通などに影響を与えるような悪天候が発生している場合などには、状況に応じた指示を出すようにします。

解説

運行管理において、トラックドライバーの乗務前の点呼はきわめて重要な業務です。点呼をいい加減にしたことにより万が一事故が発生すれば、事故を起こした当事者でなくても、運行管理者も責任を問われることになります。

乗務前の点呼は対面点呼で行います。対面で行うことで、乗務予定者の体調、態度などを総合的に判断できることになります。また、書面だけでは「問題なし」と見なされるケースでも、対面することで直観的に異常な雰囲気などを察知すれば、より詳しいチェックを行うことも可能になります。

たとえば、トラックドライバーが前日に深酒した場合、トラックドライバーの自己報告では「酒は飲んだが前日のことなので酒気帯びではない」という判断かもしれません。

しかし、トラックドライバーの報告だけに頼らず対面点呼をしたうえで直接、アルコール検知器で酒気帯びの有無を調べることが義務づけられています。運行管理者が対面により口臭からアルコール臭が確認できることもあります。**運行管理者が客観的に目視で確認することで、乗務を開始しようとするトラックドライバーに疾病があることがわかるケースも少なくありません。**

また、台風、大雪、大地震などが発生した場合、運行計画について対面で細かい指示を出すことで、安全な運行を確保することが可能になります。

◎関連法令
貨物自動車運送事業輸送安全規則第7条第1項

トラックドライバーの健康管理に注意を払い、事故などを未然に回避！

☞ 定期的な健康診断の結果に基づいてトラックドライバーの適切な健康管理を行いましょう。

☞ アルコール依存症や睡眠時無呼吸症候群（SAS）、睡眠障害、さらには糖尿病や心臓疾患などについての十分な理解と知識を持ち、トラックドライバーに継続的な指導を行いましょう。

ここがポイント！

▶ **トラックドライバーの健康診断の受診義務**

　トラックドライバーは健康診断を必ず受診しなければなりません。深夜便の運転に従事する場合などは、6カ月以内ごとに1回定められた健康診断を受診する必要があります。

▶ **運転中に体調が悪化した場合**

　万が一、トラックドライバーが運行業務中に体調を悪化させた場合、トラックを路肩に寄せて運転を停止し、運行管理者に連絡を入れてもらうなどの対応を乗務前点呼の際に確認、説明するようにしましょう。また、脳出血や心筋梗塞などのリスクについても確認しておきましょう。

▶ **個人情報でもあるトラックドライバーの持病について配慮**

　トラックドライバーの健康状態に配慮した運行管理を行うために本人の同意を得たうえで、持病の病状と乗務に与える影響について、運行管理者として把握しておきましょう。

解　説

　乗務前点呼の健康・体調チェックは、至近距離で行うこと
を原則とします。乗務を開始しようとしているトラックドラ
イバーの立ち位置を記しておくとよいでしょう。トラックド
ライバーには「異常はありません」などと健康状態、体調に
ついて口頭で答えてもらうようにします。万が一、健康状態
が不良である場合には声に兆候が現れることもあります。

　運行管理者の立場から乗務を開始しようとしているトラッ
クドライバーに対して確認しておきたい体調チェック項目と
しては、**体温の異常の有無（熱はないか）、疲労の有無、気
分が悪くないか、腹痛・頭痛がないか、眠気を感じていない
か（睡眠不足か）、運転に悪影響を及ぼすような薬を服用し
ていないか**などです。そのほか、健康に関してなんらかの不
安があれば率直に申し出てもらいます。

　また、アルコール量についての知識を整理し、トラックド
ライバーに飲酒習慣を見直してもらうことも重要です。一般
に、翌日に持ち越すことのない適度な飲酒の目安は「アルコ
ールの1単位」（純アルコール20g）とされています。これは
ビール（アルコール5％）ならば500mℓ缶、チューハイ（ア
ルコール7％）ならば350mℓ缶、日本酒（アルコール15％）
ならば1合とされています。

　1単位のアルコールを処理するためには、個人差もありま
すがだいたい4時間かかるといわれています。したがって、
ビールならば運転前日に500mℓ缶を3缶飲んだならば、少
なくとも運転までは12時間の猶予が必要です。運行管理者
は、トラックドライバーにどれくらいのアルコールを運転前
日の何時ごろに飲んだかということを確認しておく必要があ
ります。

◎関連法令
貨物自動車運送事業輸送安全規則第17条／労働安全衛生法66条

乗務後点呼では
当該乗務にかかわる道路状況、
運行状況などを報告！

☞運行管理者は乗務を終えたトラックドライバー
に疲労がたまっていないか、酒気帯びでないか
どうかを直接、対面で確認します。

☞乗務を終了したトラックドライバーは、交替す
るトラックドライバーに道路状況、運行状況な
どを通告しなければなりません。

ここがポイント！

▶ 運行管理者による乗務記録の確認

運行管理者は、乗務後の対面点呼に際して乗務等の記録
（運転日報）の記載を確認します。運行記録計を搭載してい
るトラックについては記録紙の提出を求めます。

▶ 乗務後点呼に必要な項目を記載

乗務後点呼に際しては、点呼執行者名、トラックドライバ
ー名、トラックドライバーの乗務に係る事業用自動車の登録
番号または識別できる表示、点呼日時、点呼方法、自動車、
道路および運行の状況、交替するトラックドライバーに対す
る通告、酒気帯びの有無、その他必要な事項を点呼記録簿に
記載し、1年間保存します。

▶ やむを得ない場合は電話などによる点呼

「やむを得ない場合」とは所属営業所から出発し、行先地
に宿泊する場合や反対に行先地から営業所に戻る場合などで

す。車庫と営業所が離れている場合や、早朝・深夜のために点呼の執行者（運行管理者）が出勤していない場合などは、「やむを得ない場合」には該当しません。

解　説

　乗務後点呼はトラックドライバーが日勤で所属営業所に戻ってくる場合や、翌日に勤務がまたがっても営業所にトラックドライバーが戻ってくる場合は、対面点呼をすることに支障はないでしょう。しかし、長距離輸送により、1泊2日、さらに2泊3日以上の運行を行う場合には目的地での乗務後点呼となり、対面で行うことは難しくなります。こうしたやむを得ない場合は、電話などでの乗務後点呼を行うことになります。

　アルコールチェックはトラックドライバーにアルコール検知器を携行させて、点呼に際して自ら用いて行わせます。アルコール検知器の使用の有無、および酒気帯びの有無については、トラックドライバーが口頭で点呼執行者に伝えます。「酒気を帯びた状態」とは道路交通法第44条3に規定する呼気中のアルコール濃度0.15mg/ℓであるかを問いません。

　ちなみに、アルコール検知器については電源が正常に入ること、損傷のないこと、きちんとアルコールを検知できることなどを日次、週次レベルで必ず点検しておきます。

　運行管理者は、アルコール検知器を常時有効に保持することを業務上の義務としています。正常に作動するアルコール探知器を常に持っていなければならないのです。そのためには検知器のメンテナンスもきちんと行わなければなりません。

　なお、運行管理者は、乗務後点呼に際して、トラックドライバーの運行状況について乗務等の記録の記載・作成について指導し、次回の運行予定について指示を出します。

◎関連法令
貨物自動車運送事業輸送安全規則第7条

乗務前・乗務後の点呼が いずれも対面でできない 場合は中間点呼を実施！

☞中間点呼（乗務途中点呼）は電話などによる点
　呼になります。
☞中間点呼が必要になるような運行の場合は、運
　行指示書（正・副）を作成して、トラックドラ
　イバーに運行指示書（正）を携行させます。

ここがポイント！

▶ **中間点呼での確認、指示**

　中間点呼では、酒気帯びの有無の確認、疾病・疲労・睡眠不足などで安全な運行ができない恐れの有無の確認、安全を確保するために必要な指示を行います。さらに運行経路、休憩地点、休憩時間などについても確認、指示することになります。対面でなく電話などによる点呼でも綿密、詳細な運行管理と指示が必要になるのです。

▶ **中間点呼に必要な項目を記載**

　中間点呼に際して、交替するトラックドライバーに対する通告は不要ですが、それ以外の点呼簿への記載項目、および1年間保存することは乗務前後の点呼と同様になります。

▶ **アルコール検知器を用いての酒気帯び運転の有無の確認**

　中間点呼においても、トラックドライバーがアルコール検知器を用いて酒気帯びの有無の報告が義務化されています。

解 説

　中間点呼はトラックドライバーが2泊3日以上の運行など
の場合、必要になります。なお、中間点呼は電話などで行う
ことになりますが、当然のことながら**運転中に電話を用いて
点呼をすることはできません。**

　酒気帯びの有無についての確認では電話越しに「飲酒をし
ましたか」「アルコール検知器を使用して確認してください」
などと質問します。疾病・疲労については「体調は悪くあり
ませんか」「疲れていませんか」などと質問します。また安
全な運行ができない恐れの有無については、たとえば国道の
渋滞とその理由が明らかになった場合には「国道が工事のた
めに渋滞しているので県道を通って迂回してください」など
のように指示を出します。

　**なお、中間点呼が必要となる場合には、運行管理者はトラ
ックドライバーに運行指示書をあらかじめ渡さなければなり
ません。**

　それでは、「当初の予定では目的地で荷卸しを終えたらそ
の日のうちに所属営業所に戻る予定でしたが、その後の行き
先などの変更のために、乗務前・乗務後のいずれの点呼も対
面で行えなくなった」などの場合にはどうしたらよいでしょ
うか。

　この場合も、**運行管理者は運行指示書（正）（副）を作成
し、トラックドライバーに対して電話などの方法で適切な指
示を行う必要があります。**ただし、この場合、トラックドラ
イバーは運行指示書を携行していないので、乗務などの記録
に電話などで受けた指示内容を記載しなければなりません。

◎関連法令
貨物自動車運送事業輸送安全規則第7条

IT点呼の活用で
運行の安全を確保

☞ 輸送の安全の確保に関する取り組みが優良であると認められれば、IT点呼が可能になります。

☞ IT点呼の導入により、深夜・早朝、休日などにおける点呼の負担を軽減し、点呼未実施を防ぎます。

ここがポイント！

▶ IT点呼に必要な端末の設置

IT点呼を実施する営業所とIT点呼を受けるトラックドライバーが属する営業所には、設置型端末を設置します。トラックドライバーが携帯型端末を用いることもあります。IT点呼を実施しようとするトラック運送事業者は、IT点呼に係る報告書を実施予定日の原則10日前までに、管轄する運輸支局長に提出しなければなりません。

▶ 深夜・早朝時間帯における点呼の負担を軽減

中小規模のトラック運送事業者には、人手不足などから深夜・早朝の乗務前点呼、乗務後点呼に負担がかかりますが、IT点呼の導入で負担を軽減できます。IT点呼は全国貨物自動車運送適正化事業実施機関（公益社団法人全日本トラック協会）により安全性が優良と認められる営業所のみで行われます。

▶ 酒気帯びの有無を入念にチェック

　IT点呼の機器には、アルコールチェックの測定結果を残すことが義務化されているので、酒気帯びの有無の確認を行うこともできます。

解 説

　運行管理業務における点呼の示す役割は大きく、運行管理者の果たす役割もきわめて重要です。また、負担も小さくありません。

　そこで点呼の質を落とすことなく、その負担を可能な限り軽減するために、**安全性が優良な営業所に限ってという条件がつきますが、IT点呼が認められています。**

　IT点呼では、国土交通大臣が定めた機器による点呼が行われます。これは「営業所または車庫で設置型端末あるいは携帯型端末のカメラでトラックドライバーの酒気帯び、疾病・疲労・睡眠不足などの状況が随時確認できるもの」となっています。

　営業所間、営業所と車庫間、車庫と車庫間でIT点呼を行った場合の点呼簿の記録と保存について、運行管理者側の営業所とトラックドライバー側の営業所の双方で行います。なお、IT点呼はGマーク営業所のみが対象となります。

　Gマークとは、全国貨物自動車運送適正化事業実施機関（公益社団法人全日本トラック協会）が認定要件をクリアした事業所に対し交付するシンボルマークです。会社単位ではなく事業所単位で、荷主企業などがより安全性の高いトラック運送事業者を選びやすくするために認定されています。

　IT点呼の報告については、Gマーク営業所の認定証（運行管理者側、トラックドライバー側の双方）、IT点呼に係る報告書（所定書式のもの）にIT点呼機器のカタログやシステムの解説図などを添付して管轄の運輸支局長に提出します。

◎関連法令
貨物自動車運送事業法第7条

受委託点呼(共同点呼)の導入で点呼の負担を大きく軽減!

☞受委託点呼(共同点呼)の導入で、流通業務団地などトラック運送事業者が多く集まる地区や共同物流に際しての負担軽減も可能になります。

☞受委託点呼については、輸送の安全の確保に関する取り組みが優良であるGマーク営業所が対象になります。

ここがポイント!

▶ 受託者・委託者が契約を締結

受委託点呼では、受託者と委託者がきちんと契約書を交わし行われます。委託営業所と受託営業所の間で受委託契約を締結します。ちなみに、国土交通省ではモデル契約書・実施方法の細目資料を作成して、同省のホームページで公開しています。

▶ 受委託点呼で深夜・早朝時間帯における点呼の負担を軽減

受委託点呼の対象業務は「対面による乗務前点呼および乗務後点呼」となります。全国貨物自動車運送適正化事業実施機関(公益社団法人全日本トラック協会)により安全性が優良と認められる営業所のみで行われますが、受委託点呼ではIT点呼は認められません。

▶ 受委託点呼の実施時間を確認

1営業日のうち連続する16時間以内となっています。

　受委託点呼の実施場所は、受託営業所の車庫を含む施設内になります。具体的には、**受委託点呼の実施場所と委託営業所の車庫との距離が直線で5km以内と定められています。**

　実施に際しては、**管理受委託許可申請書、管理の委託受託契約書の写し、管理の報酬その他管理の実施方法の細目を記載した書類、受託事業者の安全性優良事業所認定証の写し、委託事業者の安全性優良事業所認定証の写し、受委託点呼の実施場所と委託営業所の車庫との距離がわかる資料を用意します。**点呼実施の2カ月前までに受委託営業所を管轄する運輸支局に申請することになっています。なお、受委託の許可は営業所単位になります。

　また、委託営業所は受託営業所に対し、あらかじめ通常のトラックドライバーの健康状態や自動車の点検整備の状況がわかる書類を提出します。さらに**受委託点呼実施時に、トラックドライバーは前日からの休息期間などの労働時間がわかる書類などを点呼実施者（運行管理者）に提示します。**

　受託営業所は委託営業所に対し、あらかじめ、受委託点呼実施者の名簿、受委託点呼実施者（運行管理者に限る）に係る運行管理者選任届出書の写し、受委託点呼実施者（補助者に限る）に係る運行管理者資格者証の写しまたは基礎講習の修了証書の写しを提出します。

　なお、受委託点呼実施者の数は、受託営業所において運行を管理する事業用自動車の数にすべての委託営業所で受委託点呼の対象となる事業用自動車の数を足して30で割った数に1を加えた数（1未満の端数は切り捨て）までとされています（15ページ参照）。

◎関連法令
貨物自動車運送事業法第29条、平成25年7月30日国自安66号等「貨物自動車運送事業に係る輸送の安全に関する業務の管理の受委託について」

必要な情報を他営業所の運行管理者に伝達

☞他営業所点呼では、トラックドライバーが所属する営業所の補助者との「電話その他の方法」による点呼に代えることが可能です。

☞トラックドライバーが所属する営業所の運行管理者などは、他営業所点呼を実施する営業所の運行管理者などに、点呼に必要な情報をあらかじめ伝達しなければなりません。

ここがポイント！

▶ **点呼簿に記録する内容は双方の営業所で記録・保存**

他営業所点呼を受ける側の運行管理者などは点呼が適切に実施できるように、あらかじめ必要な情報を他営業所点呼を行う側の運行管理者などに伝達します。他方、点呼を行う側は、点呼実施後すみやかにその記録した内容をトラックドライバー側の運行管理者などに通知しなければなりません。通知を受けた営業所の運行管理者などは、通知の内容などを点呼簿へ記録し、保存しなければなりません。なお、原則、翌営業日のうちに通知します。

▶ **同一敷地内にグループ企業の複数の営業所が存在**

早朝・深夜などの閑散時間帯では、当該トラックドライバーが所属する営業所の運行管理者補助者との対面による点呼に代えることができます。トラックドライバーの所属する営

業所は、一定期間ごとに他グループ営業所の点呼営業所から測定結果の記録などを受け取り、確認します。

解説

他営業所点呼は深夜、早朝などにおいて運行管理者などの確保が難しく点呼ができないという状況に対応する措置です。他営業所点呼は、決まった2地点のGマーク営業所間を定時運行する業務形態において行うことができます。Gマーク営業所に限って行えるのはIT点呼、受委託点呼と同様で、そのメリットがいかに大きいかがわかります。

他営業所点呼を行う場合、実施しようとするトラック運送事業者は、管轄する運輸支局長などに点呼実施予定日の原則10日前までに規定の報告書類を提出しなければなりません。同一グループ企業内の他営業所点呼については、報告書に点呼を受ける営業所と実施する営業所の双方が資本関係にあるグループ企業であることを示す書類と、両営業所の位置関係を示す図面を添付することになっています。

ちなみに、Gマークの認定を受けるには、安全性に対する法令の遵守状況、事故や違反の状況、安全性に対する取り組みの積極性について計38評価項目(100点満点)のうち80点以上を獲得し、社会保険などの適正加入など他の認定要件を満たす必要があります。認定には有効期間が存在します。

Gマークのない営業所では他営業所点呼やIT点呼などは認められてないものの、全国に営業所を持っている大手事業者のなかには、グループ内のGマークのない営業所でも認めてほしいという要望もあります。人手不足などの現状もふまえて考えると、今後なんらかの規制緩和措置がとられる可能性も出てくるかもしれません。

◎関連法令
貨物自動車運送事業法第7条

荷主も問われる
過積載の責任

☞過積載とは、自動車車検証、保安基準適合標章などに記載されている最大積載重量を超えて積載することです。法律で禁止されています。

☞トラック運送事業者が過積載を自ら行うことはもちろん、荷主などがトラックドライバーに対して過積載の状態でトラックを運転することを求めてもいけません。

ここがポイント！

▶ **警察官が積載物の重量の測定などの必要な応急の措置命令**

過積載の疑いのあるトラックなどに対して、警察官は当該車両を停止させ、自動車検査証などの提示を要求し、積載物の重量を測定できます。また警察官は、過積載のトラックなどのドライバーに対して、過積載とならないための必要な応急措置をとるように命ずることができます。さらに過積載防止のために必要な運行管理を行っていると認められないときは、公安委員会が当該命令に係る車両の使用者に対し、過積載を防止するため必要な措置をとることを指示できます。

▶ **荷主にも過積載の責任**

「荷主の要求でやむを得ず過積載を行った」ということがないように、荷主にも過積載に対する責任が課されます。**警察署長は過積載運転を要求する荷主に対して、違反行為をしな**

いように命令することができます。

解　説

　最大積載重量を超えて貨物を積み込む過積載は、車両に大きな負担をかけ、タイヤのバースト（破裂）などの危険を高め、交通事故、交通渋滞などの要因になります。トラックの荷台から積載物が落下、飛散するリスクもあります。また、燃費の悪化なども招き、地球環境にも悪影響を与えます。

　道路交通への影響、車両への負担、環境負荷の増大など、百害あって一利なしの過積載ですが、それでも発生してしまうのは、トラック運送業界の過当競争、競争激化が背景にあるからです。トラック運賃の下落、値引き競争などにさらされ、「運賃を下げてでも仕事がほしい」というトラック運送事業者が、積載重量に比例した運賃を受け取る契約になっている場合に、法律違反と知りつつも過積載を行ってしまうことがあります。

　また、トラック運送事業者は過積載を行いたくなくても「荷主の意向を反映すると過積載になってしまう」というケースもあります。そのため**荷主に対しても過積載の責任を負わせるようになりました**。実際、荷主サイドには、「ほんの少しトラックの積載重量よりも貨物が多いくらいならばなんとかなるのではないか」という姿勢が、残念ながらこれまでは少なからずあったわけです。しかし、**荷主が過積載をするようにトラック運送事業者に求めることは法律で固く禁止されています**。

　なお、過積載については近年厳しく取り締まりが行われています。高速道路の入り口などで自動軸重測定が行われたり、検問で直接、警察官に調べられたりすることもあります。また過積載だけでなく過密運行にも注意する必要があります。

◎関連法令
道路交通法第57条、第58条

貨物は車両の長さの 1.1 倍以下などの 積載方法の制限を遵守

☞トラック運送においては、決められた積載量を
きちんと守り、偏荷重が生じないように積載し
ます。

☞長さについては自動車の長さにその長さの10
分の1を加えたもの、幅については自動車の幅
を超えたもの、高さについては地上から3.8m
を超えたもの（公安委員会が特に認めた自動車
は高さ4.1m）が過積載とされています。

ここがポイント！

▶ **運行管理者は貨物の積載方法を指導・監督**

トラックへの積載方法が正しいか、過積載になっていない
かなどについて、運行管理者はトラックドライバーなどに指
導、監督します。荷崩れなどの危険があるような積載方法な
らば、それを防止するような適切な措置を指導します。

▶ **「制限外積載許可」が認められるケース**

長尺物など分割することが困難な貨物の場合は、所轄の警
察署長の制限外積載許可を得て制限外積載許可証を携帯し、
車両の前面の見えやすいところに掲示のうえで運行すること
が可能です。昼間は0.3㎡ 以上の赤色の布、夜間は赤色の灯
火または赤色の反射器を車両の見やすいところにつけ、道路
における危険防止に必要な事項を遵守することが条件です。

解 説

　運行管理者は道路交通法に基づいて過積載を防止すべく、トラックドライバーなどに指導および監督を行います。あわせて、積載方法が適切かどうかについても指導および監督を行います。

　貨物の積載に際して、その積み付け位置に気を配ります。荷台の中心に貨物が積み付けられるようにします。荷台における積載貨物のバランスが適切でなければ、ハンドルが不安定になったり、カーブ走行などの際に車両が横転したりするリスクも出てきます。

　ワイヤーロープを用いての積荷の固縛についても、しっかりと行われているかどうかを常に確認するようにしましょう。また、コンテナの輸送を行う場合、緊締装置をきちんとロックして荷台とコンテナを固定するように指導します。

　なお、トラックドライバーが荷台に乗って積卸し作業をする場合、次のことがきちんと行われているか、チェックするようにします。

①不安定な荷台には乗らず、できるだけ地上での作業をする
②荷台の上での作業では、できるだけ安全帯を取りつける
③フォークリフトから見える立ち位置で作業を行う
④雨天時に荷台での作業をする際は、耐滑性のある安全靴を着用する
⑤トラックの逸走防止に輪止めを用意する
⑥保護帽を着用する
⑦作業手順書を作成する

　以上の手順を確認したうえで、安全・安心を念頭に作業を進めていく必要があるのです。

◎関連法令
貨物自動車運送事業輸送安全規則第5条／道路交通法第57条、第58条、第75条

車両管理で重要な 日常点検と定期点検

☞事業用自動車の使用者またはその自動車を運行する者は1日1回、その運行の開始前に目視などにより日常点検を行わなければなりません。

☞定期点検は3カ月ごとに行います。事業用自動車の使用者は、点検整備記録簿を当該自動車に備え置かなければなりません。

☞整備管理者は、運行管理者または検査員の点検の結果をもとにトラックを運行させるかどうかを決定します。

ここがポイント！

▶ 日常点検の方法を確認

日常点検として1日1回、運行前に目視などにより点検を行うことが義務づけられています。運行管理者は乗務前点検において、日常点検の実施またはその確認を行うことが義務となっています。対象となるトラックの周囲を回りながら、タイヤ、ブレーキ、エア・タンクなどの状態を点検・確認します。

▶ 定期点検の方法を確認

3カ月ごとに国土交通省令で定められている技術上の基準により定期点検を行います。

▶ 事業用自動車の点検整備記録簿の記載・保存

トラック運送事業者は点検整備記録簿を遅滞なく記載し、事業用自動車に備え置きます。記載日から1年間保存します。

解説

トラックなどの事業用自動車の点検・整備、車両管理をきちんと行うことは、安全な運行を行ううえできわめて重要なことで、法律で義務づけられています。その点をふまえて道路運送車両法では、整備管理者の選任についても定められています。**国土交通省令で定める台数以上の使用の本拠ごとに、整備管理者を選任しなければなりません。**

トラック運送事業者などは、自主的な車両管理体制の確立のために整備管理規程を作成します。整備管理者はその執行を行います。**整備管理者は、大型自動車使用者などが自動車の点検および整備、ならびに自動車管理に関する事項を処理するために選任されます。**車両・車庫の管理を行い、日常点検の実施方法を決めて、その結果から運行の可否を決定します。また、安全確保や環境保全を図るために、車両整備計画、車庫改善計画などについて進言することもあります。

整備管理者を選任する大型自動車使用者などは、整備管理者を選任、変更した場合、15日以内に地方運輸局長に届け出ることになっています。トラック運送事業者は、選任後も整備管理者がきちんと車両・車庫の管理を行っているかを常に注意、監督していかなければなりません。なお、整備管理者が道路運送車両法に基づく命令または処分に違反などをした場合は、地方運輸局長から大型自動車使用者などに対して、当該整備管理者の解任命令が出されることになります。

◎関連法令
道路運送車両法第47条〜第54条／道路運送車両法施行規則第31条、第32条

乗務後自動点呼の導入

　情報通信の目覚ましい発展を背景に、点呼業務についてICTを活用可能とすべく、遠隔点呼、乗務後自動点呼が実施できるようになりました。実施方法としては、認定機器を準備して、運輸支局などへ事前に届けます。

　遠隔点呼はカメラ、モニターなどの映像、音声を中継する機器を介して、遠隔で実施される点呼です。新型コロナウイルスなどの感染症の予防やホワイト物流の推進などの見地から、長時間労働の是正、高度な点呼機器の使用による確実性の向上などを目的として行われるようになりました。運行管理者とトラックドライバーがモニターを介して点呼を行います。

　乗務後自動点呼はさらにその一歩先を行く、ロボットなどの自動点呼機に点呼時の確認、指示項目を代替させて、点呼を実施するというものです。運行管理者は非常時のみ対応することとして、トラックドライバーなどはロボットなどを介して点呼を行うのです。自動点呼の導入で、点呼におけるヒューマンエラー、人的ミスを可能な限り減らして、点呼の確実性を向上させる効果があると考えられています。もちろん、遠隔点呼と同じように、感染症対策や長時間労働の是正効果も期待されています。

　自動点呼の効果としては、漏れなく点呼の必須項目をチェックでき、運行管理者の長時間労働負担軽減などが可能になるなどがあげられます。昼夜を問わず、出庫、帰庫の多い営業所などでは、人件費を大きく削減できることにもなります。ただし、現状では自動点呼機などのメンテナンスや運用開始までの準備にまだまだ手間と時間がかかることが課題ともなっています。

第3章

運行管理業務の流れ②

運行・乗務記録の
管理・保存

トラックドライバーごとに運転者台帳を作成

☞運行管理者は、トラックドライバーごとに写真を添付した運転者台帳を作成して、トラックドライバーの所属する営業所に備えて置きます。

☞トラックドライバーが事故を引き起こした場合には、当該台帳に事故の発生日時、場所、概要を記載します。

☞トラックドライバーが退職などの理由でトラックドライバーでなくなった場合、ただちにその理由を記載し、当該台帳を３年間保存します。

ここがポイント！

▶ 運転者台帳の記載項目を確認

運転者台帳の必須記載事項は「貨物自動車運送事業輸送安全規則 第9条の5」の規定によります。作成番号および作成年月日、事業者の氏名または名称、トラックドライバーの氏名、生年月日および住所、雇入れの年月日およびトラックドライバーに選任された年月日、道路交通法に規定する運転免許に関する事項（運転免許証の番号、有効期限、運転免許の取得年月日、種類、運転免許に条件が付されている場合はその条件）、健康診断、適性診断受診の状況などを記載します。事故を引き起こした場合にはその概要を記載します。

▶特別指導の実施と適性診断受診の状況の記載

事故惹起運転者、新任運転者、高齢運転者（65歳以上）については、特別指導の実施時期、内容などについて運転者台帳に記載します。

解説

一般貨物自動車運送事業者などは、トラックドライバーそれぞれに運転者台帳を作成し、これをトラックドライバーの属する営業所に備えて置かなければなりません。運転者台帳には、健康状態や特別指導の実施および適性診断の受診の状況なども記載されます。

トラックドライバーは日々雇い入れられる者など、短期雇用者（2カ月以内の期間を定めて使用される者）、試用期間中の者ではなく、常時選任となります。なお、運行管理者は運転者台帳から外れることになります。したがって、実際の運行業務に携わることはできません。また、労働基準法では各事業場ごとに労働者名簿を備え付け、事務職をはじめすべての労働者（日々雇い入れられる者は除く）について、所定の事項を記載しなければならないとされています。

ちなみに、**労働者名簿には氏名、生年月日、住所、履歴、性別、従事する業務の種類（常時30人以上の労働者を使用する場合）、雇入の年月日、退職の年月日およびその事由（退職の事由が解雇の場合はその理由も含む）、死亡の年月日およびその原因を記載します。**

労働者名簿について定められた記載と運転者台帳に規定された記載では、異なる項目もあります。その点に留意して、運転者台帳兼労働者名簿を作成する場合には、記載項目に漏れがないかしっかりとチェックしなければなりません。

◎関連法令
貨物自動車運送事業輸送安全規則第9条の5／労働基準法第107条、第109条／労働基準法施行規則第53条

トラックドライバーごとに「乗務等の記録」を 1年間保存

☞運行管理者はトラックドライバーごとに乗務割を作成し、乗務記録を1年間保存します。

☞運行管理者は必要に応じて運行指示書を作成します。

☞輸送安全規則9条が定める乗務については、瞬間速度、運行距離および時間を運行記録計に記録して、1年間保存します。

ここがポイント！

▶「乗務等の記録」の記載

トラックドライバーの氏名、自動車登録番号、乗務の開始・終了の地点・時間および乗務距離、貨物の積載状況（車両総重量7トン以上または最大積載量が4トン以上の普通自動車である事業用自動車）などを記載します。

▶「乗務等の記録」を保存

「乗務等の記録」として、トラックドライバーの乗務について当該乗務を行ったトラックドライバーごとに必要事項を記録させて、1年間保存しなければなりません。トラック運送事業者は過労の防止および過積載による運送の防止など、業務の適正化の資料として十分活用しなければなりません。

▶乗務割表、乗務実績一覧表の作成

乗務割表は月ごとに作成し、トラックドライバーの氏名、

日次レベルおよび月次レベル（累計）での拘束時間、運転時間がわかるようにします。また、行先、始業時間、出庫時間、運転時間、休憩時間、荷役作業時間、帰庫時間、終業時間、休息時間などが一目でわかる乗務実績一覧表も作成します。

解 説

　運行管理において、運転者台帳をもとに乗務割を作成し、「乗務等の記録」を保存し、乗務実績を一覧表としてまとめておくのは、きわめて重要な一連の業務といえましょう。

　「乗務等の記録」は、運行記録計（タコグラフ、デジタコ：デジタルタコグラフ）による記録に代えることができます。ただし、「乗務等の記録」のすべてが運行記録計に自動的に記録されるわけではありません。運行記録計には記録されない事項もあるので、その場合は付記する必要が出てきます。

　運行管理者は運行記録計を活用すれば、トラックドライバーごとに毎回の運転についてトラックの速度や運転時間を分析できます。トラックドライバー自身も自らの運転が乱暴ではなかったか、安全な運転であったか、などを客観的なデータから知ることができます。さらには、ハンドルの切り方やブレーキの踏み方、カーブの曲がり方などの運転癖もわかります。そして運転癖を分析すれば「トラックドライバーがいつ交替したのか」も記録からわかり、所定の休憩時間などをきちんと確保しているかどうかを知るための作業報告書の裏づけ資料にもなります。なお、TMS（輸送管理システム）などによる輸配送経路適正化なども、トラックドライバー不足を補う必須ツールとして注目を集めています。安全・安心を前提に、これまで以上に正確で緻密な輸配送計画が構築できる時代となってきているのです。

◎関連法令
貨物自動車運送事業輸送安全規則第8条、第9条

必要に応じて速報を出し、自動車事故報告書を作成

☞一般貨物自動車運送事業者は、事業用自動車が事故を引き起こしたときは、遅滞なく事故の種類、原因、その他国土交通省令で定める事項を国土交通大臣に届け出なければなりません。

☞特定重大事故、重大事故については、24時間以内に電話、ファクスなどの速報も必要になります。

ここがポイント！

▶「速報」を要する事故を確認

　速報を必要とするのは特定重大事故、重大事故です。特定重大事故とは、トラックに積載された危険物、火薬物、高圧ガス、毒物または劇物、可燃物などの全部もしくは一部が飛散、漏えいした事故などです。重大事故とは、2人以上の死者、または5人以上の重傷者、10人以上の負傷者、危険物などの飛散または漏えい事故、酒気帯び運転や無免許運転などを伴う事故など、速報性を要する事故を指します。

　なお、速報とは電話、ファクス、その他の適当な方法で、24時間以内にできるだけすみやかに、発生した事故の概要を運輸監理部長または運輸支局長に知らせることを指します。

▶ 自動車事故報告書の提出

　トラック運送事業者は事故が発生した場合には、30日以内に3通の事故報告書を国土交通大臣に届け出ます。

▶ 社会的に注目を集める「健康起因事故」

高齢化などの影響もあり、運転中の健康起因事故が増加しています。社会的にも大きな問題となっており、事故防止の視点からの対応の充実も求められます。

解 説

　安全・安心なトラック輸送環境の構築は、重要なテーマです。なかでも事業用トラックにおいては、追突事故が人身事故の半数以上を占めています。交差点付近での事故も、死亡事故につながるケースが多くなっています。

　トラック後方への注意も重要です。右側に運転席のあるトラックではバックミラー、アンダーミラーに映る範囲以外の左側後方はほとんど死角です。バックアイカメラが搭載されているトラックも増えていますが、後方が見えない場合は、下車して後方の安全を確認する必要があります。

　十分な注意を払ったにもかかわらず、**万が一事故が発生した場合には、適切な事後措置を可能なかぎり迅速に施す必要があります。運行管理者の重要な責務として、事故が発生した場合はすみやかに自動車事故報告書を作成します。事故報告書には、乗務員の氏名、当該自動車登録番号、事故の発生日時、場所、乗務員以外の当事者の氏名、事故の概要、原因、再発防止対策を記述し、3年間保存します。**

　なお、自動車事故報告規則の第4条に該当する重大事故の場合は、報告書に加えて24時間以内の速報も必要です。注意すべきはトラックドライバーの健康起因事故の脳疾患、心臓疾患、意識喪失による事故についても速報が要求されるようになっていることです。健康起因事故が相次いで発生し、社会問題になっていることを受けての対応です。

◎関連法令
貨物運送事業法（自動車事故報告規則第4条）（輸送安全規則第9条の2）

土砂崩壊、路肩軟弱などの危険を警戒し、「異常気象時等処理要領」を作成

☞異常気象などが発生し、輸送の安全確保に支障が生じる恐れがあるときは、トラック運送事業者は運行の停止など必要な措置を講じなければなりません。

☞トラック運送事業者は「異常気象時等処理要領」などを制定します。

☞運行管理者は乗務員に対し、貨物の保全などについて適切な指示を出し、運行の安全を期すようにします。

ここがポイント！

▶ **緊急連絡体制の確立**

　トラック運送事業者は「異常気象時等処理要領」を周知徹底すると同時に緊急連絡所のリストを作成し、目につく場所に掲示します。台風、地震などの発生に備えた緊急連絡体制について、入念に準備しておく必要があります。

▶ **土砂崩壊、路肩軟弱などの路線障害などへの対応**

　台風、地震などが発生した場合、二次災害として土砂崩壊が発生する危険があります。激甚雨の影響で、山道はもとより幹線道路についても、路肩軟弱が生じるなどの路線障害が発生する恐れもあります。運行管理者は異常気象などの発生

を常に警戒し、乗務員に対して必要に応じて運行の中止、迂回、徐行運転などの指示を出すことになります。

解説

相次ぐ大型地震、大型台風、ゲリラ豪雨、ゲリラ豪雪、線状降水帯の発生など、日本列島を襲う異常気象や自然災害などは、ここにきて大型化の一途をたどっているようです。

異常気象や天災が発生すれば、「サプライチェーンの寸断」が危惧されることになります。自分の運ぶ荷物に強い責任感を感じるトラックドライバーが、大型災害に巻き込まれて逃げ遅れるなどの事態も多数、報告されています。日頃から災害発生時に「どのタイミングで避難すべきか」「荷物に固執するあまりに避難が遅れることがないようにする」などの、災害時の対応や心構えをトラックドライバーに浸透させておく必要もあります。異常気象などが発生した場合の緊急連絡体制も明確化して、情報共有しておく必要があります。

トラック運送事業者には「異常気象時等処理要領」の作成が求められています。運行管理者および乗務員は要領を熟知し、緊急時には適切な対応をしなければなりません。

さらに、**運行管理者は異常気象の状況を的確に把握して、乗務員に運行に関する適切な指示を出す必要があります。**そのため、道路交通情報などについても最新の情報を常に把握するように努めます。電話、インターネットなどによる情報収集も欠かさないようにします。

運行管理者は日頃から、気象の変化と道路状況などを結び付けるようにします。大型災害などの発生に際しても適切な指示を出し、被害を最小限に抑えることを心がけましょう。

◎関連法令
貨物自動車運送事業輸送安全規則第11条

休業補償により、療養にかかる負担を軽減

☞業務上の負傷・疾病による休業で支払われる休業補償では、平均賃金の100分の60が支払われます。

☞業務上の負傷や疾病の後、治った場合において、その身体に障害が存するときには障害補償が支払われます。

ここがポイント！

▶ **乗務員などへの災害補償制度の適用**

トラックドライバーなどの乗務員、従業員が事故などに巻き込まれた場合、労働基準法に基づく災害補償制度が適用されます。

▶ **災害補償の種類を整理**

業務上の負傷・疾病が対象となる療養補償、療養の際に平均賃金の100分の60が支払われる休業補償、負傷・疾病で障害を負った際の障害補償（平均賃金に所定の日数を乗じた額）、当該労働者が死亡した場合に支払われる遺族補償・葬祭料などがあります。休業補償と混同されることが多いものに、休業手当があります。**休業手当は「使用者の責に帰すべき事由による休業」の際に平均賃金の100分の60以上が与えられる手当のことで、補償とは性質を異にするものです。**

　物流業界、トラック運送業界は長時間労働、長距離勤務の
イメージが強く、それがトラックドライバー不足に拍車をか
けているという声もあります。加えて、物流業における死亡
者は建設業、製造業に次いで多い産業となっています。した
がって、安全については十分な配慮が必要になります。

　そこで業界をあげて「ホワイト物流推進運動」に取り組ん
でいます。中継輸送やパレット荷役の導入を積極的に進め
て、トラックドライバーなどの過度な負担を軽減していこう
というわけです。さらに安全安心管理を徹底して、交通事故
などを可能な限り防ぐ仕組み作りも必要になってきます。

　**もちろん、事故を防ぐためには従業員の作業熟練度やプロ
意識を高める必要もあります。安全安心に対する意識を高め
る教育、研修、訓練を繰り返し、組織的に行わなければなり
ません。ヒヤリハットに直面したり、安全安心管理が不完全
であると判断したりした場合は、いったん作業、業務を停止
して責任者の指示を仰ぐなど、慎重な対応を行うことが求め
られます。**

　トラックドライバーなどに対する福利厚生なども充実の方
向にあります。「物流業界に入ってよかった」と思える環境
を目指して、業界が一丸になっての努力を続けています。

　そして、さらなる安全安心なシステムの構築を進めていく
一方で、万が一の事故に備えての災害補償体制のより一層の
充実も不可欠となっています。

　運行管理者は万が一の事故に際して、トラックドライバー
などの乗務員にどのような補償が可能になるのかを熟知して
おく必要があるのです。

◎関連法令
労働基準法第75〜80条

安全管理規定を作成して、安全方針の社内における周知を徹底

☞事業用自動車の数が300両以上のトラック運送事業者は、安全管理規程を定めることになっています。

☞安全管理規程義務づけ事業者は安全統括管理者を選任して、複数の運行管理者、整備管理者などを統括します。

☞安全管理規程義務づけ事業者以外のトラック運送事業者も、輸送安全に関する基本的な方針などをインターネットなどを使って適切な方法で公表しなければなりません。

ここがポイント！

▶ **安全管理規程の作成**

保有車両数が300両以上の大規模のトラック運送事業者は、安全管理規程の作成が貨物自動車運送事業法で定められています。安全管理規程を作成し、国土交通大臣に届け出ます。規程に変更があった場合にも国土交通大臣に届け出ます。

▶ **安全管理の取組状況のチェック**

安全統括管理者は安全管理規程、安全方針の社内における周知徹底に努めます。安全目標を定め、安全管理の取組状況について年に1回は点検を行い、その結果を事業者に適時・

適切に報告することとされています。同時に、輸送の安全に関する諸情報を集め、事業者に適時・適切に報告します。

解 説

安全管理規定の作成は大規模事業者にのみ義務づけられていますが、中小規模の事業者も輸送の安全性の向上に努める義務があります。

さらに、作成した方針を実現するために、年次レベルで具体的に達成目標を定めます。無論、目標達成のために必要な人員、設備などのインフラを整備するようにします。安全管理に対する意識を高めておく必要があります。

また、下請け事業者についても安全な輸送に関する配慮を行います。とくに、**密接な関係のある下請け事業者については、下請法を念頭において無理な要求、依頼をしないことも重要になってきます。**

さらに、安全性の向上に対する自社の取り組みについては、SNSなどを活用しながら適切な方法で公表・公開します。安全性に関する基本的な方針、目標、その達成状況、事故に関する統計などを公表する義務もあるのです。

なお、安全に関する目標では「交通事故、貨物事故を無くそう」という漠然としたものではなく、関連するKPIをしっかり設定し、その目標値を達成できたかどうかを明確化できるようにします。たとえば「貨物事故率を0%とする」「点呼実施率を100%にする」などのかたちで目標を設定するのです。

なお、万が一、**事故などを起こしてしまい、輸送の安全にかかわる処分を受けた場合には、その処分の内容、処分に基づいて講じた措置などを公表する義務があります。**

◎関連法令
貨物自動車運送事業法第2条

超過勤務の回避を念頭に運行系統ごとに乗務基準を作成

☞特別積合せ貨物運送を行うトラック運送事業者は、運行系統ごとに乗務基準を定めて、乗務員に適切な指導・監督を行います。

☞運行管理者は乗務基準を作成し、トラックドライバーへの指導・監督を行います。

ここがポイント！

▶ 乗務基準の概要

乗務基準は、起点から終点までの距離が100kmを超える運行系統についてのみ作成されます。乗務基準は、主な地点間の運転時間、平均速度、休憩・睡眠の地点と時間、トラックドライバーが交替する地点などを定めます。

▶ 地区間の運転時間の設定

トラックドライバーによる運行業務が法律で定められた運転時間内で終わるように、地区間の走行距離から平均速度を算出する必要があります。

▶ 休憩・睡眠時間の設定

法律の定める休憩・睡眠時間を必ず確保し、過労運転が発生しないように十分に注意します。また、トラックドライバーが交替する場合も、どこで交替すれば超過勤務にならずにスムーズに行えるかという点に配慮する必要があります。

特別積合せ貨物運送（特積み）は自動車貨物運送の一形態です。地域ごとに拠点を設け、発地と着地、発時刻と着時刻が決まっていて、定期的な運送便に貨物を積み合わせて運送を行います。積み込む貨物は不特定荷主からとなることも多く、そうなれば「長距離運行なのだから積載率を上げるために出発は営業窓口の荷受け時間ぎりぎりまで待つ」というケースも多くなります。

積込み、積卸しを行う拠点数が多くなることから、貸切便などに比べて作業工程数も多くなります。また、すべての作業工程、業務がタイトな時間軸で設計されることも多くなるため、交通渋滞や荷捌きの遅れなどのトラブルやイレギュラーな事態が発生すると、運行全体に大きな影響が及びます。そのためトラックドライバーが過労運転に陥るリスクなどが小さくありません。

そこでトラック運送事業者は起点から終点までが100kmを超える場合には、運行管理者に運行系統ごとに乗務基準を作成させ、それに基づき指導・監督することが義務づけられているのです。さらに、働き方改革関連法への対応として中継輸送の導入も増えています。

なお、特積みでは乗務基準のほか、運行の安全を確保するために服務規律も作成しなければなりません。服務規律は法令に定められた規律に加え、トラック運送事業者が独自に定めた規律を加えてもかまいません。

国土交通省は、必要に応じてトラック運送事業者が定めた規律の提出を求めます。もちろん、内容について改善などを促す指導を行うこともあります。

◎関連法令
貨物自動車運送事業輸送安全規則第20条

トラックドライバー不足で変わる物流

働き方改革関連法の施行により、少ないトラックドライバーを効率的に活用していく工夫が求められるようになりました。その切り札として注目されるようになったのが中継輸送です。150～200kmの日帰り可能距離を目安に、トラックドライバーを交替させていきます。

中継輸送には、トラックドライバーのみを交替させる「トラックドライバー交替方式」、トレーラーを入れ替える「トレーラー・トラクター方式」、貨物を積み替えてしまう「貨物積み替え方式」がありますが、いずれの方式でも中継拠点が必要になります。

たとえば、東京・大阪間を1人のトラックドライバーが運ぶのではなく、名古屋などに中継拠点を設けておきます。中継拠点でトラックドライバーが交替したり、トレーラーごと、あるいはパレット単位で貨物を引き継いだりしていくのです。

ただし、トラックドライバーの仕事は「貨物を届けたらそれで終わり」ではありません。貨物の積込み、積卸し、荷捌き作業や棚入れ、シール貼りなどまで要求されることも少なくありません。

業界によっては「荷姿がほんの少しでもずれていれば納品を受け付けない」という厳しい対応をする荷主もいます。しかも、こうした附帯業務の多くは契約外のものとなっています。しっかりと契約を結んだうえで、適切な料金契約を締結するようにします。

手待ちや荷待ちについてもトラックドライバーの貴重な拘束時間にかかわってきます。「料金はもらえないけれども何時間も待っている」という話はすでに常識外となっています。

第4章

安全・安心な
ドライバー管理と
運輸安全マネジメント

1か月の拘束時間は284時間、運転時間は2日平均で9時間／日以内

> ☞法律で決められたトラックドライバーの運転時間、休憩時間、拘束時間、休息期間などを守らなければなりません。
>
> ☞トラックドライバーの1か月の拘束時間は284時間までです。ただし、労使協定がある場合、年間6か月までは年間の総拘束時間が3400時間を超えない範囲において、月310時間まで延長が可能です。

ここがポイント！

▶ **特定日の前後の日との平均を算出**

2日平均とは、特定日と前後の日との平均です。これが9時間を超えないようにする必要があるわけです。特定の日を起算日に、2日ごとに区切り、平均を出します。特定日とその前日、特定日とその翌日のいずれかの平均が9時間を超えれば違反ということになります。同じように2週平均も44時間を超えないものとされています。

▶ **「一の運行」の考え方を理解**

過労運転に陥らないようにするために「一の運行」（1運行）という考え方が導入されています。トラックドライバーが営業所に出勤し、目的地に向けて出発して目的地に到着

し、さらに休息期間を経て、再び所属営業所に戻るまでの一連の乗務を「一の運行」といいます。

解　説

　運行管理者はトラックドライバーの勤務については、労働時間、運転時間、休憩時間、拘束時間、休息期間についてしっかり把握しておく必要があります。

　営業所までの通勤時間は勤務時間に含まれませんが、出勤後は労働時間が始まります。6時間を超える労働時間の場合は45分、8時間を超える場合は1時間の休憩時間が必要になります。

　休憩時間は労働時間にはなりませんが、拘束時間になります。拘束時間とは営業所に入ってから退出するまでの時間で休憩時間も拘束時間に含まれます。

　トラック運送などの自動車運転業務の場合、拘束時間についても規定があります。トラック運送の場合、1か月に原則、284時間以内で最大310時間までの延長ができます。1日については13時間以内、上限が15時間となっています。14時間超は週2回までが目安になります。

　また、宿泊を伴う長距離貨物運送の場合は、例外として16時間まで延長が可能です。休息期間は継続11時間以上になるよう努めることを基本として、9時間を下回らないようにします。

　ちなみに年間拘束時間は原則、3300時間（最大年3400時間）ですが、月284時間を年間通して行えば、3408時間となり、順守できません。限度いっぱい使うのはあくまで繁忙期対策であることを理解しておきましょう。

◎関連法令
平成13年国土交通省告示第1365号「貨物自動車運送事業の事業用自動車の運転者の勤務時間及び乗務時間に係わる基準」、労働基準法第34条

連続運転時間は4時間以内として、1回10分以上、合計30分以上の休憩時間が必要

☞ トラックドライバーが連続して運転できる時間は4時間以内です。
☞ 運転時間については4時間以内におおむね連続10分以上、合計30分以上の休憩を与えなければなりません。

ここがポイント！

▶ **トラックドライバーの負担に配慮**

　トラック運送による疲労がたまれば大きな事故につながりかねません。その点を考慮して、連続運転は4時間以内という厳しい規制が設けられています。

▶ **やむを得ない場合は4時間30分まで延長**

　休憩したくてもサービスエリア、パーキングエリアなどに駐停車できないなど、やむを得ず連続運転時間が4時間を超える場合は、4時間30分までの延長が可能です。

▶ **運転時間の限度を認識**

　連続運転の途中で運転から離脱する時間を「非運転時間」といいます。しかし「運転をしてないから」といって積込み、荷卸しなどを行うのではなく、きちんと休憩をとらなければなりません。さらに、2日平均9時間以内、2週平均44時間以内と運転時間が定められているので、無理な到着時間

を設定したり、拘束時間をすべて運転時間に当てたりすることは改善基準告示違反となります。

解 説

　トラックドライバーの勤務は日次レベルで考える場合、24時間で1サイクルとなります。**これは拘束時間に加えて、トラックドライバーの場合は休息期間があるからです。**

　拘束時間は上限15時間（宿泊を伴う長距離貨物運送の場合は、週2回、16時間まで延長可能）となっているので、9時に出勤すれば終業は23時になります。しかし、これに加えて休息期間を9時間以上とることになっているので、翌日の8時までがそれに該当することになります。

　このように、上限15時間＋9時間以上（1日の休息期間は継続11時間以上となるように努める）で運行計画、乗務割などを考える必要が出てくるわけです。

　なお、休息期間を9時間以上確保することが難しい場合、特例として「分割休息」をとることができます。これは一定期間（最長1カ月）の全勤務回数の2分の1を限度として、継続9時間の休息期間を1回3時間以上に分割するというものです。休息期間の合計が10時間以上の場合は2分割、12時間以上の場合は3分割となり、3分割が連続しないよう努めます。

　2人乗務の場合は、身体を伸ばして休息できる施設があれば、拘束時間を20時間まで延長して、休息期間を4時間まで短縮できます。さらに、要件を満たした車両内ベッドがあれば拘束時間を24時間まで延長できますし、仮眠時間を与えるならば拘束時間を28時間まで延長できます。

◎関連法令
平成13年国土交通省告示第1365号「貨物自動車運送事業の事業用自動車の運転者の勤務時間及び乗務時間に係わる基準」、労働基準法第34条

休憩・仮眠施設は
十分な仮眠・睡眠が
とれる広さを確保

☞ トラック運送事業者は乗務員のために休憩・仮眠施設を整備し、その保守を行わなければなりません。

☞ 運行管理者は、休憩・仮眠施設の適切な管理を行わなければなりません。

ここがポイント！

▶ **乗務員が睡眠・仮眠、休憩を実際に必要とする場所に確保**

原則として営業所、または車庫に併設します。

▶ **十分なスペースの確保**

1人当たり2.5㎡に清潔な寝具など必要な設備を提供することとします。

▶ **運行管理者が管理**

乗務員の健康状態などを把握したうえで勤務時間を定め、休憩・睡眠時間および休息時間を十分に確保するようにします。

▶ **施設の保守**

トラック運送事業者は施設に破損、汚損などが生じた場合には修復などを行い、良好な状態を保つように努めます。

解 説

　トラック運送はドライバーが心身ともに健康で、過労に陥らずに行われなければなりません。どんなに優秀なトラックドライバーでも過労運転を行えば、ヒューマンエラーを引き起こす恐れが出てくるわけです。

　その点をふまえ、**貨物自動車運送事業者には、乗務員（トラックドライバーおよび運転の補助に従事する従業員）の過労運転を防止するために、休憩・仮眠施設を営業所に併設させる義務が課せられています。**

　そして、運行管理者は提供された休憩・仮眠施設を計画的に適切に管理することになります。ただし、運行管理者が乗務員の勤務時間や乗務時間を管理するわけではありません。

　運行管理者が管理するのは乗務割です。運送事業者がトラックドライバーの過労運転防止を念頭に、労働時間に係る基準に従い勤務時間および乗務時間を定め、その範囲内で運行管理者が乗務割表を作成するのです。ちなみに、**乗務割表には乗務員ごとに毎回および累計の拘束時間、乗務時間を記載**します。

　なお、運行管理者の心構えとしては「トラックドライバーの夜更かしなどに起因する睡眠不足などに注意する」ということがあげられます。乗務の前日は夜更かしを避けて早寝することを励行します。また、トラックドライバーから「どうにも眠くて仕方がない」というような報告を受けたならば、仮眠をとることを指示します。

　ちなみに、花粉症対策などの抗アレルギー薬、降圧剤、咳止め、抗不安薬などのなかには眠くなる薬もあるため、医師にかかる場合にトラックドライバーであることを告げるよう指導するとよいでしょう。

◎関連法令
貨物自動車運送事業輸送安全規則第3条

フェリー乗船時間は原則として休息期間

☞フェリー乗船時間が8時間を超える場合は、原則として下船時刻から次の勤務を開始する。

☞休日労働によって拘束時間の上限を超えないようにする。

ここがポイント！

▶ トラックドライバーのフェリー乗船時間

フェリー乗船時間は、原則として休息時間に組み込むことができます。トラックドライバーは身体を休めたり、仮眠・睡眠をとったりすることもでき、安全運行のために多くのメリットがあります。フェリーを利用することで、月間拘束時間の上限（原則284時間）も遵守しやすくなります。最近では、トラックドライバーは乗船せず、車両だけが乗船する無人航送も増えてきています。

▶ 隔日勤務の特例を理解

業務上やむを得ない場合の隔日勤務では、2勤務日の拘束時間は21時間以内となります。勤務終了後には、20時間以上の休息期間を設けなければなりません。また、仮眠施設で夜間に4時間以上の仮眠をとる場合には2週間に3回まで、2暦日の拘束時間を24時間まで延長することができます。なお、2週間の拘束時間は126時間（21時間×6勤務）を超えることはできないとされています。

解　説

　トラック運送では夜間・深夜運行、長距離運行などで勤務が不規則になることも少なくありません。しかし、たとえ勤務が不規則になっても、労働基準法などに基づいた労働環境が確保されなければ交通事故などの発生を確実に防げません。

　その点をふまえて、運行管理者はトラックドライバーの勤務時間、運転時間はもとより、拘束時間、休息期間、休日などについて、**運行管理者はトラックドライバーなどが過労に陥ることがないように乗務割を作成する必要があります。**

　乗務割を作成するにあたって、まず前日の勤務時間と勤務終了後の休息期間を確認します。

　休日についても週休1日は最低限の条件です。多くの企業で週休2日制度が導入されている状況を十分に認識しておきましょう。また年次有給休暇についてもきちんと与える必要があります。当然のことながらトラックドライバーも、年間5日以上の有給休暇を取得できる権利があります。事業者はトラックドライバーなどの従業員の有給休暇の取得状況を、有給管理簿を作成して管理しなければなりません。従業員ごとに有給休暇の取得日数、残り日数などを管理するのです。

　さらに2024年4月1日からは、時間外労働時間（残業）については労働基準法により割増賃金（月60時間超の時間外労働の割増賃金は5割増、月60時間までの割増賃金は2割5分増）を支払うこととなっています。トラックドライバーの年間の残業時間の上限が960時間に制限されています。

◎関連法令
労働基準・基発第92号（平成元年3月1日）「一般乗用旅客自動車運送事業以外の事業に従事する自動車運転者の拘束時間及び休息期間の特例について」基発第93号（平成元年3月1日）「自動車運転法第34条」

安全輸送の観点からも避けなければならない過積載

☞トラック車体の左右からはみ出したかたちで、貨物を積載することはできません。トラック車体の長さの10分の1を超えれば過積載となります。

☞貨物積載の高さは3.8m（公安委員会が特に認めた場合は4.1m）以下を厳守しなければなりません。

ここがポイント！

▶ **過積載違反の処分プロセス**

貨物自動車運送事業のトラックドライバーが過積載違反を犯した場合、警察官が違反切符を切ります。他方、道路交通法第108条の34（使用者に対する通知）の規定に基づき、公安委員会から運輸支局に対して通知が行われ、通知を受けた運輸支局は、監査などを実施し、処分基準に従って車両停止などの処分を決定します。さらに、その結果は公安委員会に回報される仕組みになっています。

▶ **「4トントラックには4トン積めないこと」を認識**

「最大積載量4トン」と表示があるトラックでも、必ずしも4トンの貨物を積載することはできません。これは、「車両総重量＝車両重量（人、貨物がないときの全体の重み）＋乗車定員×55kg＋最大積載量）」と決まっているため、車両

重量が増えると最大積載量が減ってしまうからです。荷主などにもこの点を理解してもらうようにしましょう。

解 説

車体が大きく、重量のある貨物を輸送するトラックが交通事故などを起こすと、玉突き事故などの大きな事故につながる恐れが高くなります。大事故回避の観点からも最大積載量に関する知識をしっかり整理しておきましょう。

最大積載量については、道路交通法で、中型自動車（車両総重量5000kg以上11000kg未満）の場合、最大積載量は3000kg以上6500kg未満、大型自動車は車両総重量11000kg以上、最大積載量6500kg以上と定められています。また荷台の幅については、車種、メーカーなどにより異なりますが、一般に4トントラックならば2.2m程度、10トントラックならば2.5m程度となっています。

トラック運送を効率的に行うためには貨物を荷台に積み込めるだけ詰め込み、積載量を増やすためにさまざまな工夫を施すことが必要になります。そのために重視されるのが積載率（積載トン数÷積載可能トン数×100）です。積載率とは、トラックに十分な量の荷物が積み込まれているかどうかを知るためのKPIです。

積載率が低いことは、トラックの荷台にあまり荷物がないことを意味します。さらに、積載率は輸送品の1個当たりの実質コストに大きく影響します。積載率が低いまま多頻度の輸送を繰り返せば、結局はコスト高で非効率となってしまいます。しかし、**積載率をいくら高くする必要があるからといっても、過積載に陥ることは絶対に避けなければなりません。**

◎関連法令
道路交通法第57条／道路交通法施行令第22条

営業用トラックの未経験者と３年以上ブランクのある新規採用者の研修

☞初任運転者は、安全運転の実技について指導を受けなければなりません。

☞初任運転者は、15時間以上の座学と実技指導を受けなければなりません。

ここがポイント！

▶ 適性診断の受診

　トラックドライバーとして新規に雇い入れた者には、国土交通大臣が認定する適性診断を受診することが義務づけられています。適性診断の結果をもとに、トラックドライバーとしての自覚や事故防止、回避のための心構えなどについての指導が行われます。

▶ トラック乗務開始前に実施

　初任運転者研修は原則として、トラックドライバーとして初めて乗務を始める前に行います。初乗務前にトラックドライバーとしての心構えをしっかりと身につけておきます。ただし、自然災害などのやむを得ない場合には、初乗務のあとの１カ月以内に行うこととされています。

解 説

初任研修の対象となる「初任運転者」とは、輸送安全規則第3条第1項により、トラックドライバーとして常時選任するために新たに雇い入れた者を指します。また、トラックドライバーとして営業用トラックを運転していた者でも、直近の3年間にブランクがある場合は初任運転者研修の対象になります。

なお、初任運転者研修（座学）の内容は、次のようになります。

① トラックを運転する場合の心構え
② トラックの運行の安全を確保するために遵守すべき基本的事項
③ トラックの構造上の特性
④ 貨物の正しい積載方法
⑤ 過積載の危険性
⑥ 危険物を運搬する場合に留意すべき事項
⑦ 適切な運行の経路および当該経路における道路、および交通の状況
⑧ 危険の予測および回避並びに緊急時における対応方法
⑨ トラックドライバーの運転適性に応じた安全運転
⑩ 交通事故に関わるトラックドライバーの生理的および心理的要因、およびこれらへの対処方法
⑪ 健康管理の重要性
⑫ 安全性の向上を図るための装置を備える

トラックの構造上の特性や貨物の正しい積載方法、トラックドライバーの運転適性に応じた安全運転、さらにはトラックドライバーとしての健康管理についての知識や技能を学ぶことになります。

◎関連法令
貨物自動車運送事業輸送安全規則第3条第1項／貨物自動車運送事業輸送安全規則第10条／国土交通省告示第1366号

事故惹起運転者には特定診断と事故惹起運転者教育を実施

☞事故惹起運転者は研修において、交通事故に係わるトラックドライバーの生理的および心理的要因、およびその対処法について指導を受けます。

☞事故惹起運転者にはトラック事故の重大さをしっかり認識し、再度の事故を決して起こさないという強い信念を持ってもらいます。

ここがポイント！

▶ 大型トラックのリスクを認識

トラックドライバーの業務は物流の中核を担う重要な仕事です。しかし大型トラックほど、大事故のリスクは高まります。トラックドライバーには交通ルールを守った安全運転を心がけ、事故を絶対に発生させないという強い信念を持ってもらいます。

▶ マンネリからの油断に注意

「毎日、同じ道を運転しているから」「配送経路は毎回、同じ」など、業務に変化がなく、マンネリ化してくると油断が発生しやすくなります。運転に熟練し、道路状況などを熟知することは大切ですが、それが油断につながらないように運行管理者は常に緊張感を維持するように指導しましょう。

解説

　事故惹起運転者とは「死者または重傷者を生じた交通事故を引き起こした運転者および軽傷者を生じた交通事故を引き起こし、かつ、当該事故前の3年間に交通事故を引き起こしたことがある運転者」と、定義されています。

　事故惹起運転者は特定診断という適性診断を受けなければなりません。交通事故を発生させたあとに、再び乗務を行う前に国土交通省が認定した診断を受けなければなりません（ただしやむを得ない場合は乗務開始後の1カ月以内）。

　適性診断には特定診断Ⅰと特定診断Ⅱがあります。特定診断Ⅰは、「死者または重傷者を生じた交通事故を引き起こし、かつ、その当該事故前の1年間に交通事故を引き起こしたことがない者、および軽傷者を生じた交通事故を引き起こし、かつ、その事故前の3年間に交通事故を引き起こしたことがある運転者」とされています。特定診断Ⅱは「死者または重傷者を生じさせた交通事故を引き起こし、かつ、その事故前の1年間に事故を引き起こしたことがある運転者」が対象となります。

　当たり前のことにもなりますが、事故を起こさないようにするには、十分な睡眠と食事をとり、酒気帯び運転を避けることが大前提となります。きちんと体調管理を行うことが重要になります。「疲れたり、眠気を感じたりしたら躊躇せずに休憩をとる」ということも大切です。

　運転については「スピードを出しすぎない」「車間距離をきちんととる」というようなことを常に念頭に置く必要があります。運行管理者としては、そうした点もふまえ、日頃からトラックドライバーとコミュニケーションを充実させておくとよいでしょう。

◎関連法令
貨物自動車運送事業輸送安全規則第10条／自動車損害賠償保障法施行令第5条第2号、第3号

65歳以上の高齢ドライバーは適齢診断を受診

☞高齢ドライバーは、適齢診断を受診しなければなりません。

☞高齢ドライバーについては、加齢に伴う身体的機能の変化の程度に応じた安全な運転について考えるようにしましょう。

ここがポイント！

▶ 適齢診断は65歳以上が対象

65才以上の高齢ドライバーは、国土交通大臣が認定した高齢運転者のための適性診断（適齢診断）を、65歳に達した日から1年以内に受診しなければなりません。さらに、その後も3年以内に1回受診します。

▶ 高齢運転者免許更新は70歳から

70歳以上は、高齢ドライバーの免許更新のために「高齢者講習」を受ける必要があります。また、75歳以上の場合は更新にあたって、講習予備検査を受けてからの免許更新となります。講習予備検査については、その結果から「記憶力・判断力が低くなっている者（第1分類）」「記憶力・判断力が 少し低くなっている者（第2分類）」「記憶力・判断力に心配のない者（第3分類）」に判定されます。

解説

　少子高齢化社会の到来により、65歳以上の雇用継続、再雇用制度などの社会基盤の整備が続いています。

　総務省の労働力調査では、トラックドライバー不足の深刻化が進むなか、60歳以上のドライバーの比率は20％に迫る勢いとなっています。

　今後、この比率はさらに高まることになります。全日本トラック協会が発表したデータによれば、すでに大型トラックのドライバーの4人のうち3人は40代以上となっています。

　こうした状況に危機感を抱くトラック運送業界では、若者や女性のトラックドライバーを増やすための取り組みや工夫が、多々行われています。また外国人ドライバーの導入も進んでいくことになります。

　そこで、この流れに逆らわず、むしろ「経験豊富な高齢ドライバーを積極的に活用しよう」という流れも出てきています。**たしかに、高齢ドライバーは身体的機能が若いころとは異なることを考慮して、負担の小さいかたちで勤務をしなければなりません。しかし、安全運行で経験も豊富でプロとしての自覚も強いことが多いので、トラック運送事業者や運行管理者サイドも信頼をおいて業務を任せることができます。**

　ただし、近年は高齢ドライバーの大きな事故が相次いで報告されています。高速道路の逆走や信号無視など、認知症との関係も指摘されています。そこで、65歳以上のトラックドライバーにはしっかりとした健診と講習を受けてもらい、安全・安心を確認しつつ業務に打ち込んでもらおうというわけです。高齢ドライバーの事故が社会問題となっていることを十分に認識しておく必要もあるのです。

◎関連法令
貨物自動車運送事業輸送安全規則第10条

物流DXの導入による積み込み作業の効率化

　物流DXが進み、最新の輸配送管理システム（TMS）ではトラック車両の重心の偏りや荷崩れ防止などが発生しにくい積載方法などを表示、提案することも可能になりました。しかし、DXのシステムを導入すれば物流の問題が解消するわけではありません。作業担当者が「どのような手順で何に注意して作業を行う必要があるのか」を理解しておく必要があります。

　すなわち状況に応じて自動計算の結果を修正する必要があるかもしれません。また、作業者ごとに手順が異なっていたり、一部の作業者が個性の強いやり方で作業をしていたりする場合、システムによる提案が十分に機能しないかもしれません。せっかくDXのシステムを導入し、作業書などの帳票出力をタブレットなどに切り替えても、作業標準化が行われていなければ効果が半減します。

　物流DXの導入に際して、まず手作業レベルでの作業標準化を徹底させる必要があります。そのうえで、たとえば積み付け作業ならば、積載率や荷役作業性などの物流KPIの向上を図ります。「情報システムのクラウド化を推進し、タブレット端末を作業者に配り、ハード面から物流DXを導入すれば、自ずと物流改善も効果的に実現できる」わけではないのです。

　作業標準化にあたっては、いきなり標準化に着手せず、まず現場の現状を分析して問題点を抽出します。そのうえで「どのような作業から標準すべきか」という優先順位を決め、手を付けやすいところから標準化を実践し、そのプロセスに合わせてDXの導入も進めるのがよいでしょう。

第5章

トラックの
運行業務に必要な
実務知識

全国の交通事故死者数は横ばい、高齢者の死亡事故率は増加傾向

☞近年の交通事故死者数は横ばい傾向が続いています。

☞高速自動車国道などにおける交通違反取締状況を見ると、最高速度違反が全体の約70%の構成率となっています。

ここがポイント！

▶ 交通事故死者数は4000人台で推移

交通事故死者数（年間）は、近年、横ばい傾向が続いています。また、交通事故死者数全体に占める65歳以上の高齢者の割合が高い水準で推移しているのが近年の特徴です。

▶ 多い漫然運転、わき見運転による交通事故

漫然運転、わき見運転、運転操作不適などの安全運転義務違反による交通事故は相変わらず減りません。四方に注意を払いつつもしっかりと前方を見て、慎重かつ安全に運転することが求められています。

国内貨物輸送の約90％を占めるトラックには、トラック運送事業者が保有する緑ナンバー（青ナンバーの別名もあり）の事業用トラックと、自家用の白ナンバーの自家用トラックがあります。

トラックは物流の主役でもあるわけですが、1日の走行距離の長い大型トラックは車高が高く、視界が乗用車などと大きく異なり、死角も大きいため、死亡事故を誘発しやすいというリスクもあります。

特に高速運転については注意が必要です。一般に高速運転においてはどんな人でも視力が低下します。視野も狭くなります。静止時の視野は両眼で200°といわれていますが、高速運転においては160°くらいになるというデータもあります。高速道路に自動運転レーンが設けられたり、隊列走行が本格的に導入されたりすれば、これまでとは異なる交通安全対策も求められてくるかもしれません。

死亡事故を回避するための対策の1つとして、シートベルトの着用も励行されていますが、「シートベルトやエアバッグなどの装着率の頭打ち」という傾向がここにきて出てきています。また、飲酒運転による交通事故の減少幅も縮小しています。すなわち、交通事故をさらに減少させるにはより効果的な対策が求められるようになってきているともいえるでしょう。過信することはできませんが、運転支援機能のさらなる充実も求められているのです。

自動運転の普及が間近に迫っていることをふまえて、交通安全に対する常識も変わってくるかもしれません。常に最新の情報を入手していくという心構えも必要になります。

◎関連法令
道路交通法第70条／道路運送車両の保安基準8条

運行記録計の中央の目盛は走行の時間、最下部の目盛は走行距離

☞目的地までの距離は（速さ）×（時間）で計算します。

☞運行記録計の走行距離は「1山形」が10km。

ここがポイント！

▶ 運行記録計の記録用紙（右図）の読み方を習得

　運行管理者にとって運行記録計の記録用紙の読み方をマスターしておくことは、トラックドライバーが計画通りに安全な運行を行っているかを把握するうえできわめて重要です。

　運行記録計の表示の真ん中の目盛から走行の時間を知ることができます。走行開始の時刻と走行終了の時刻の時間差を求めればよいのです。また、最下部の実線が走行距離を表します。1目盛は1kmで山形片側となれば5km、1山形となれば10kmとなります。なお、近年はデジタル式運行記録計の導入が進んでいます。

▶ 速さと時間がわかれば距離がわかる

　（平均速度）＝（走行距離）÷（走行時間）の式から、平均速度（km/時間）、走行距離（km）、走行時間の3つのうち、2つがわかれば、残りの1つを計算により求められます。

　運行記録計の見方の第1のポイントは速度の目盛を正確に読み取ることです。時刻の目盛（0～24時表示）の開始時間と終了時間を読み取ります。たとえば、19時に運行が開始され、21時に終了ならば、走行時間は2時間になります。

　次いで、速度に注目します。速度が60km/時前後ならば、一般道での走行と考えられます。また、80～100km/時ならば高速道路と判断できます。

　走行距離は運行記録計の最下部の目盛の山を数えます。たとえば、下向きの山が9つあり、加えて4目盛あれば、94kmということになります。

　ちなみに、**走行距離と燃料消費量がわかれば燃料消費率 [km/l：燃料消費率＝走行距離÷使用燃料量] を計算する**こともできます。たとえば、94kmを燃料18lで走行すれば、5.2km/lが燃料消費率ということになります。

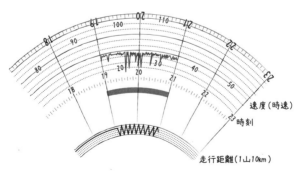

図　運行記録計の記録用紙

◎関連法令
貨物自動車運送事業輸送安全規則第9条

事故を起こさないために
トラックの「視界」を理解

☞トンネルから出るときの明順応での一時的視力
低下に注意しましょう。
☞トンネルへ入るときの暗順応をふまえて減速す
るなどの対応を怠らないようにしましょう。

ここがポイント！

▶ 物理学の視点からトラックの特性を理解

たとえば、急ブレーキをかけると車輪にロックがかかったようになり、横滑りを起こすことがありますが、これは物理学でいうところの慣性の法則が働くからです。また、急カーブをスピードを上げて走行しようとすれば遠心力が働き、外に放り出されそうになります。

▶ トラックは急には止まれない

トラックドライバーが道路状況などの危険を察知してからブレーキを踏み、自動車に止まる力がかかるまでの距離を空走距離といいます。ブレーキが効き始めてから止まるまでの距離を制動距離といいます。空走距離と制動距離を足したものを停止距離といいます。一般にトラックの場合、60km/時ならば37m、80km/時ならば58mくらいといわれています。ただし、車種、路面状況などにより差があります。

　トラックからの視界は、乗用車の視界とは大きく異なります。これは、運転席の高さの相違などとも関係があります。乗用車のドライバーの目線が1.2mくらいのところにあるのに対して、中型トラック（車両総重量5トン以上、または最大積載量が3トン以上で車両総重量が11トン未満、かつ最大積載量が6.5トン未満のトラック）のドライバーの目線は2mほどもあります。

　そのため、前方を上から見下ろすような視界となります。前方を走る自動車との車間距離が実際には短いにもかかわらず、比較的長く感じられます。また、反対にトラックの後方にいる自動車のドライバーは車高の高いトラックに吸い込まれていくような心理になります。

　そして、こうしたトラックの特性から玉突き事故の発生が多くなる傾向にあります。もちろん、一般の乗用車に比べて車体の大きいトラックが追突などを起こせば、多くの死傷者が出る大事故につながりやすくなるのです。

　また、トラックは車長が長く、内輪差が大きいため、左折の際に自転車や歩行者などの巻き込み事故も多くなります。そのため、トラックドライバーは左折に際して、いったん大きくハンドルを右に切ってから左に曲がる「振りハンドル」をしてしまう傾向にあります。その際、トラックの車体がセンターラインをはみ出してしまうこともあり、これが事故の誘発要因ともなります。一方、右折の際には車体後部がオーバーハング（車体後部が外側に振れること）を起こし、後方車両との接触事故、追突事故などの原因となります。

　さらに、トラックの車幅も乗用車の1.3倍以上あり、狭い道幅の道路の交通にも十分な注意が必要になります。

◎関連法令
道路交通法第70条、第71条

円滑で安全な
トラック運行を遂行

☞ トラックの後方のほとんどは死角となるので、バックに際しては誘導員に安全を確認してもらうようにしましょう。

☞ 登り坂はスピードが出にくく、反対に下り坂はスピードが出やすくなるので注意しましょう。

☞ 急カーブ、飛び出し、路面凍結などの恐れがあれば減速運転を心がけましょう。

ここがポイント！

▶ 交差点の通行に慎重に対応

交差点内では歩行者、自転車、バイク（原動機付自転車）などが一度に通行することもあり、トラックドライバーから見ると、死角が多くなる環境となっています。たとえば、歩行者に気を取られているときに、自転車を巻き込むなどの複数のリスクに同時に対応する必要があります。

▶ トラック走行時のさまざまな現象に注意

トラック走行時には天候や車体の状況により、さまざまな現象が発生します。たとえば、雨の降り始めには、路面の摩擦係数が低下し、スリップを起こすことがあります。これをウエットスキッド現象といいます。また、水が溜まった路面では、高速で走行すると、トラックが水面を滑るようになるハイドロプレーニング現象が見られます。

　トラックは店舗などの荷卸しなどの際に、バックで搬入バースに入ることが少なくありません。比較的狭い車道に面した店舗納入などでは後方を十分に確認しないと、歩行者、自転車と接触事故を起こす恐れも出てきます。

　トラックをバックさせる前には、まず目視により状況を確認します。誘導員がいる場合には、周囲の安全を確認してもらいながらバックするようにします。運転マナーをきちんと守ることは当然のことですが、加えて荷卸しなどの荷扱いについても丁寧に行うことで、荷主の安心と信頼を得られます。また、集配時の挨拶もしっかりと行うようにします。

　なお、荷の積み付けが悪いと、荷崩れが発生する恐れが高まります。荷崩れがあれば、トラックの安定が悪くなり、事故の誘発要因となります。荷扱い指示マーク（JIS）に従って、対応するようにしましょう。

　また、長尺貨物（コイル、大口径管など）の積み付けには、転がりを防止するために歯止めを用います。

　トラックが走り出すと、積荷はひっきりなしに地震に直面したような状態にさらされます。これは、舗装のよい道路で震度2程度、大きなカーブを曲がる際には震度5〜6の衝撃を受けるともいわれています。

　したがって、しっかり積み付けを行わなければ荷崩れを起こしてしまうのです。運行管理者がトラックドライバーに積み付けについても指示を出したり、打ち合わせをしたりします。特に、帰り荷の積み付けについては指示が十分に行われないリスクもあるので、十分な注意が必要です。

◎関連法令
貨物自動車運送事業輸送安全規則第5条／道路交通法第34条〜第38条

地球環境保全の視点から
アイドリングストップを徹底

☞環境にやさしい運転を行う「グリーンドライバー」としてエコドライブを実践しましょう。

☞急発進、急ブレーキ、空ぶかしなどを避け、経済速度での運転を心がけましょう。

ここがポイント！

▶荷卸し、納入の際のアイドリングストップの徹底

アイドリングストップは、エコドライブの中核に位置する重要な環境対応です。

納入先での荷卸しなどの際に「少しの時間ならばアイドリングをしたままのほうが早く、配送効率が上がる」というような考え方は、地球環境に悪影響を与えることになります。

▶ディーゼルトラック由来の大気汚染物質を理解

窒素酸化物（NOx）、粒子状物質（PM）などの人体への影響が知られています。なお近年、PMについてはPM2.5など、より粒子の小さい物質の人体への影響が懸念されるようになりました。

解 説

　環境の視点から物流の高度化を語るうえで、しばしば実現が難しい重要な課題として指摘されることに「環境戦略の充実と物流効率の向上・コスト削減のトレードオフ（二律背反）」の問題があります。

　地球環境にやさしい物流を考えれば、リードタイムが長くなったり、輸送効率が悪化したりするという状況を免れません。反対にリードタイムの短縮や多頻度小口配送の充実など、物流の効率化を進めれば、環境に負荷をかけることになるというわけです。電気自動車や低公害車の導入にコストがかかるという問題が指摘されることもあります。

　それゆえ、これまでのグリーン物流戦略では「環境負荷を低減させることにより社会的なイメージアップを図る」ということが強調されてきた面があります。

　しかし近年、米国などでは「環境負荷を低減させつつ、コストメリットを高める」という方向性を持って、**物流システムの刷新、ロジスティクス戦略の再構築を含めてビジネスプロセスの最適化を図る動きが強まっています。**ロジスティクス戦略をより綿密に構築することによって、環境武装も充実させていくわけです。たんにSCMのグリーン化を図るだけでなく、あわせて戦略的にコストダウンを推進することが重視されているといえましょう。

　こうした流れのなかで、トラック運送による環境負荷をいかに軽減していくかということも、企業の抱えるグリーン経営の大きな柱の1つとなってきました。グリーン物流推進の視点からも、アイドリングストップなどの徹底はますます重要になってくるのです。

◎関連法令
大気汚染防止法第19条

トラック運転の
ヒヤリハットを整理して記録

☞追越し・すれ違いに慎重に対応するようにしましょう。
☞対向車のヘッドライトによる「眩惑(げんわく)」に注意しましょう。

ここがポイント！

▶ **動体視力の低下に注意**

止まった状態で止まっているものを見ることを静止視力といいます。一般に、視力測定などでわかる視力は、この静止視力です。しかし、トラックの運転を行うにあたっては、動体視力の状態についても把握しておくことが大切です。動体視力とは動きながら動いている物体を見る視力のことを指します。加齢とともに低下するともいわれていますので、特に高齢ドライバーは日頃から自分の動体視力の状態を把握しておくとよいでしょう。

▶ **眩惑に対する知識を確認**

夜間やトンネルなどで対向車のヘッドライトが直接、視界に入ると、「眩惑」と呼ばれる、瞬間的に視力を失う状態に陥ることがあります。対向車のヘッドライトは直視せず、視点はライトからやや下向きとします。

　最近のトラックには運行記録計が設置されていて記録が残るので、速度違反を犯してまで前方車両を追い抜くトラックは減少傾向にあります。

　たとえば、高速道路を時速70kmで走行中の全長5mのトラックを、後方から走行中の同様に全長5mのトラックが車間距離100mの地点から時速80kmで追い抜く場合、100m（現在の車間距離）＋100m（追越し後に必要な車間距離）＋5m（追越し対象のトラック車長）＋5m（当該トラックの車長）＝210mが後方のトラックが前方まで達するのに必要な距離です。

　2台のトラックの速さの差は時速10kmですから、0.21（km）÷10（km/時間）＝0.021時間となり、前方に出るまでの走行距離は0.021（時間）×80（km/時間）＝1.68km（1680m）となります。追い越すまでに約1.7kmも走行することになるわけです。

　なお、幸いにも事故にはいたらなくても、少し間違えば事故につながる恐れがある「ヒヤリハット」についても、手順書に項目を整理して、記録に残しておくようにしましょう。

　たとえば、積卸し作業にあたっては、「安全靴をきちんとはいていなかったために荷台の上で滑りそうになった」「積荷が崩れそうになったが、どうも車体が傾いていたようだ」というようなヒヤリハットが考えられます。

　こうしたヒヤリハットは、安全管理の基本原則を忘れていたために発生したともいえます。運行管理者の視点からもヒヤリハット報告書を整理しておくとよいでしょう。

◎関連法令
道路交通法第26条、第28条、第30条

物流現場におけるナッジの活用

　近年、注目度を高めている行動経済学の考え方の1つに「ナッジ」があります。ナッジとは、強制したり命令したりするのではなく、自らの意思によって、望ましいとされる行動をとるように、それとなく後押しするスキームを指します。

　たとえば「男子便器の中央に標的のマークを書き込んでおけば、トイレが汚れることがない」というようなことが代表的な例です。また、レストランによくある「シェフのおすすめ」などの看板表示もナッジの一種です。その看板を見て、「これを注文したらいいんじゃないかな」と自然に誘導されてしまうからです。

　そして、このナッジを物流現場にも導入して物流改善を行う事例が増えています。

　一例をあげれば、荷捌き場などに白線やマークを用いて、効率のよい作業に誘導する手法をとる現場があります。「一方通行」と書いてなくても、矢印やマークを使って、作業動線を誘導していくのです。あるいは、庫内の柱などのある一定の高さにカラーテープを貼っておけば、それ以上の高さにパレットや段ボール箱を積み重ねてはいけないということを、忙しい作業者に暗黙のうちに伝えることができるのです。

　運送業では、車庫などに消毒液自動噴射機を置くことで、乗車前にトラックドライバーが手を消毒する意識が高まります。また「駐車違反を見ていますよ」という警告ボードに目のマークをつけたところ、目のマークがない警告ボードと比較した場合に格段の効果が見られたという報告もあります。

第6章

運行管理実務に
役立つ貨物輸送の
改善ポイント

トラックの
待ち時間短縮を徹底

☞輸配送経路の適正化、適正車両台数を意識した乗務割の作成、運行計画の作成を行いましょう。

☞輸配送ルートの作成においては、輸配送時間、燃料費、高速道路の通行料なども考慮し、安全なトラック運行を大前提にコストの最小化も図ります。

ここがポイント！

▶ 70%以上の積載率を達成

トラック運送においてもっとも重要なKPI（計数：主要業績評価指標：Key Performance Indicators）に積載率［積載トン数÷積載可能トン数×100］があります。輸配送の改善、効率化を目指す場合、**一般的に70%以上の積載率が必要条件となります**。積載率が低いとどうしても輸配送の効率は悪くなり、コスト高にもつながります。

積載率を意識しつつ、輸配送時間、燃料費、高速道路の通行料などもKPIとして念頭に置きながら、納期に間に合うようにリードタイムに合わせた効率的な輸配送経路を考えるようにします。

もちろん、積載率にこだわるあまり、積み込みなどの荷役時間が長くなるのは避けたいところです。

解　説

　運行管理者の悩みの1つに「輸配送ルートによって積載率に差が出てしまう」ということがあります。この場合、「輸配送ルートや車両台数などに見直しが必要ではないか」ということを疑ってみたほうがよいでしょう。配送時間、燃料費、高速道路の通行料なども念頭に置いて、納期に間に合うようにリードタイムに合わせた輸送経路を考えます。

　また、配送時間に余裕があるならば、「高速道路を利用する必要があるかどうか」も検証する必要があります。渋滞のピーク時と重なる時間帯の指定配送を、取引先企業と相談のうえ、可能な限り減らすことが有効となるケースもあります。配送先地域を集中させ、渋滞に巻き込まれる時間的なダメージを最小限に抑えることも一案です。

　ただし、ホワイト物流の導入を推進する流れから、手積み、手降ろしを避けてパレット荷役を導入するケースが増えていることから、積載率が落ちることがあります。この場合は、パレット荷役の導入を優先させるべきでしょう。

　また、積載率に加えて、**実車率（積載走行距離÷総走行距離×100）**にも注目しましょう。トラックがどれくらいの荷を積んで走行しているかを示すKPIが実車率です。実車の反意語は空車になりますから、空車ではなく荷を運んでいるのが実車ということになります。実車率が低いということは、着荷地からの帰路に空荷のまま走行している距離が長いことになります。

　実車率を上げるには、帰り荷を確保するなどして、片荷輸送をなるべく行わない工夫が必要です。KPIを絶えず意識しながらの運行管理も必要になってくるのです。

◎関連法令
道路交通法第57条第3項など

配送効率の向上で最適化を実現

☞入出荷、トラックの待ち時間などにかかる時間の短縮を図りましょう。

☞手積み、手卸しからパレット荷役にシフトして、トラックドライバーの負担を最小化しましょう。

ここがポイント！

▶ 配送時間を目安にKPIを設定

配送の効率を確認するKPIの設定は容易ではないかもしれません。そこで、配送時間を目安にどの程度の効率化が行われているのかを見るようにします。なお、配送効率（時間）は［（配送行為総時間）÷（配送件数）］で求めます。

▶ 荷主は庭先作業にかかる負担を認識

トラックドライバーが納品先で荷物をバックヤードまで運んだり、棚入れしたりするなどの庭先作業を行うことで、拘束時間に余裕がなくなることがあります。庭先作業は運賃に含まれた作業ではないので、トラックドライバーに依頼する場合は必ず契約条項に組み入れる必要があります。別途、料金が発生することを荷主は認識しなければなりません。

解　説

　輸送コストの削減を進めるにあたって、積載率と並んで重要なのが配送効率の向上です。1件あたりの運行時間、入出荷作業時間を求めます。なお、配送効率と呼ばれていますが、パーセンテージで表すものではありません。

　配送効率を上げるには、配送先での積込み・積卸し時間、トラックの待ち時間などにかかる時間を短縮します。入出荷作業時間の短縮を図るためには、手荷役中心の作業を減らします。荷姿の標準化を進め、パレット荷役を基礎としたユニットロードの導入を図ることが効果的です。入出荷作業スペースが狭すぎても時間がかかることになります。

　そのため、トラックバース予約システムの導入も検討したいところです。ピーク時に十分対応できるだけのトラックバース数を確保したり、出荷スペースを広く確保して積込み作業をスムーズにしたりしている物流センターが増えています。荷役時間のみならず荷待ち時間の最小化も推進していく必要があるのです。

　なお、納品伝票や荷札の発行などに時間がかかり、トラックが待たされることがあります。トラックドライバーの拘束時間に影響する可能性もあるので、DXを徹底する必要もあります。トラックの荷待ち時間も拘束時間に含まれることになるので、長時間の待機により1日の拘束時間を大幅に費やしてしまうリスクが出てくるのです。

　しっかりと時間管理された緻密な輸送ネットワークを構築し、配送先での積込みや積卸し、トラックの待機なども含めた庭先作業などの総時間数を短縮していく必要があるのです。

◎関連法令
貨物自動車運送事業法第17条3項

「標準的な運賃」の導入でトラックドライバー不足に対応

☞「標準的な運賃」とは、適正な原価と適正な利潤を基準として、国土交通省が示している望ましい運賃です。

☞標準貨物自動車運送約款では、運送の対価としての運賃と附帯するサービスの対価としての料金が、明確に区別されています。

ここがポイント！

▶ トラック運送原価を正確に算出

トラック運送事業者がトラック運送原価を算出することで、月ベース、あるいは1kmあたりの走行距離に応じて、どれくらいのコストがかかるのかが明らかになります。その指標をもとに運賃を決めることができます。運送原価は車両別、取引先別、運行ルート別など、細かく算出する必要があります。

▶ 危険なコスト競争

運賃ダウンの提案は、トラック運送事業者がムリな配送計画を立てることにつながります。事故が発生したり、誤配送などの引き金となったりすれば、結果として荷主企業にとっても大きなマイナスとなります。運送原価に配慮しつつ、配送の質を十分に確保できる運賃設定をすることがコンプライアンス（企業の法令遵守）の視点からも求められます。

　「標準的な運賃」は、働き方改革関連法の施行により、トラックドライバーの時間外労働時間に限度時間が設定されることなどをふまえて導入されました。限度時間を設ければ、トラックドライバーを一定数以上確保しなければなりませんが、それには対価に見合う適切な報酬が求められることになります。近年、下落の一途をたどってきたトラック運賃を適正化する試みの1つとなっています。

　トラック運賃はバブル期にピークを迎えましたが、その後は相次ぐ不況の影響などもあり、下落の一途をたどってきました。したがって、「トラック運賃・料金は年々下がるのが当たり前」と考えてきた荷主企業も少なくありませんでした。

　しかし、トラック運送業界は深刻なドライバー不足に陥っており、これ以上の賃金の値下げは難しい状況といえます。そこで、荷主企業に「トラック運賃の今後の上昇はやむなしで、むしろ運賃適正化の観点から考えると現状の運賃は安すぎる」ことを、標準的な賃金を定めることで納得してもらいたいという背景もあります。

　同時に、**取引先ごとに契約書・覚書により取引条件を規定することも求められます**。口約束だけで契約締結を行う時代は過去のものとなりつつあります。もちろん、荷主企業が過積載や過密運行をトラックドライバーに強いることもできません。荷主企業は標準的な運賃や料金適用のルールを十分理解したうえで、中継輸送やモーダルシフト輸送の導入など、輸送ネットワークの再構築に取り組む必要に迫られています。輸送ネットワークを工夫しながら、働き方改革に適応していくのです

◎関連法令
貨物自動車運送事業法第1条、2条2項など

TMSの導入で輸送コストの最適化と運行経路を適正化

☞集荷ルート、荷姿などの簡素化を推進し、運行効率の向上に努めましょう。

☞求荷求車システムの導入で帰り荷を確保し、積載率、実車率を向上させましょう。

ここがポイント！

▶ TMSの導入で運行経路の最適化を実現

TMS（輸配送管理システム）は輸配送のコスト削減を目標にしています。積み付け計画、ルート計画、トラック位置情報システム、貨物追跡、配送コスト・実績の分析などの機能を備えています。

▶ ビッグデータ時代、AI時代の流れのなかで発達

TMSの取扱う出荷情報、輸配送情報などの諸データはビッグデータ時代の流れのなかで、スマートシティなどの都市のインテリジェンス化に結びつこうとしています。また、AI（人工知能）の発達により、高精度の機械学習システムである「ディープラーニング」などとリンクするかたちで、TMSはさらなる発達を遂げようとしています。

　トラック運行に深い関わりのある輸配送領域では近年、多くのビジネスモデルが誕生しています。その流れのなかで運送業界の必須ツールとして定着した求荷求車システムは、その象徴的な存在です。

　求荷求車システムとはインターネットなどを介して、トラックと荷物のマッチングを行うシステムです。たとえば発荷地点のＡ地点から着荷地点であるＢ地点まで運送する場合、Ｂ地点で荷卸しをしたあと、Ａ地点までの帰路は通常、空荷になります。

　しかし、Ｂ地点でＡ地点までのトラックを探している顧客がいればもともとは空荷で帰るつもりだったトラックが荷物を積んで帰れるようになります。帰り荷ということであれば運賃が比較的安くてもコスト面でマイナスにはなりません。

　集荷ルートが複雑な場合、その策定に時間がかかることもあります。その際に力を発揮するのがTMSです。トラックの実車率や稼働率、積み合わせ、帰り荷の獲得などに加えて、安全管理、労務管理、温度管理なども可能になります。各拠点での一連の作業の開始から終了までの状況を運行管理者に知らせてくれるシステムを備えているものもあります。全車両の管理、輸配送の進ちょく状況管理、運転日報の作成、アイドリング時間の累計などを管理できます。

　なお、医薬品や食品などでは、鮮度をはじめさまざまな品質管理を厳正に行う必要があります。そこでTMSのなかに装備されているインターネットとリンクしたリアルタイムでの監視機能が必要不可欠となっています。

◎関連法令
貨物利用運送事業法第24条など

多頻度納入を解消し、トラックドライバー不足に対応

☞ ジャストインタイムにこだわらず、ジャストインケース(多めの在庫確保)を必要に応じて導入しましょう。

☞ 隔日配送などを採用して、出荷量のバラつきを解消しましょう。

ここがポイント!

▶ 過度な多頻度小口納入はかえってマイナス

　荷主企業は「必要なモノを必要なだけ、ムリ、ムラ、ムダなくジャストインタイムで納入してほしい」という強い要望を持つこともあります。しかし、過度な多頻度小口納入は配送頻度が増え、必要とされるトラック台数も多くなり、環境負荷も大きくなります。トラックドライバー不足の時代にも逆行します。また、トラックの積載率が低く運送コストがかさんだり、納入先の保管スペースが不足したりする事態も発生します。

　その点についても荷主企業と十分に話し合い、環境負荷の小さい運行システムを構築していく姿勢が求められます。環境にやさしい輸配送が求められているのです。

　ジャストインタイム納入が行われれば、着荷主側の負担は
小さくなります。しかし、それが過度になれば、トラックド
ライバー不足に悩む運送会社のオペレーションや運行管理に
も負担がかかります。多頻度納入についても、それが過度に
なれば、その他の運行ルートに対する負担が大きくなりま
す。

　**ジャストインタイム納入を実践するにあたっては積載率、
保管効率、作業効率などについて十分に配慮しなければなり
ません。**過度な多頻度納入は一部のセクションにプラスをも
たらすかもしれませんが、全体にとってはマイナスになりま
す。すなわち「部分最適は実現できても、全体最適は実現で
きない」ことになります。したがって、必要に応じてジャス
トインケースの導入を図ることが望ましくなります。

　過度な多頻度納入の要因としては、たとえば発注アイテム
ごとに納期指定日が別々になっていたり、急な追加発注に追
われたりするケースが考えられます。

　**納入先に大型トラックが入る十分なスペースがないため
に、やむをえず多頻度小口納入になることもあります。**過度
なジャストインタイムを回避する対策としては、仕入先ごと
の一括納入や標準部品の導入によるアイテム数の削減、共同
配送センターの設置などが考えられます。

　また反対に「納品遅れ」の発生もコスト高の要因となりま
す。納品遅れの主な理由としては、「輸配送ルートが的確で
ない」「貨物状況が把握できない」「トラック車両のアイドリ
ング時間が長い」ことなどが考えられます。適切な運行管理
のもとに、納期に合わせた運行計画を構築していく必要があ
ります。

◎関連法令
独占禁止法第2条9項5号

中継輸送による直送方式の導入で効率的な運送システムを再構築

☞工場からエンドユーザーまでの直送システムを中継輸送により導入し、再構築することで時代に合わせた物流スキームを完成させます。

☞海外からの輸入に際しても、国内におけるラストデリバリーはトラック運送が主役となります。

ここがポイント！

▶直送方式の導入でサプライチェーンを効率化

工場から直接、エンドユーザーに配送するシステムをドロップシップシステム（直送方式）といいます。中継輸送と組み合わせることで、トラックドライバーの長距離輸送、長時間労働にかかわる負荷も最小化します。

キャッシュフローの改善、在庫の大幅低減化、物流センターの運営コスト削減、物流拠点の簡素化、サプライチェーンにおけるさまざまな重複、物流システムの不透明性などを改善し、物流コストを大幅に削減することも可能になります。

顧客企業からの出荷要請をタイムリーに反映させたうえで、ムダ、ムラ、ムリのない輸送を心がける必要があります。ただし、トラックドライバー不足に配慮した運行計画を策定し、過密運行や過積載を回避する必要もあります。

解説

　直送方式は輸配送システムの効率化における代表的なモデルですが、そのほかにも有力な選択肢がいくつかあります。

　多品種の商品を荷受けして、即座に需要先に仕分けて発送する積み替え業務をクロスドッキングといいます。クロスドッキングを推進することによって、物流センターにおけるオーダーピッキング作業を省略することができます。

　クロスドッキングにおいては、とくに時間帯のコントロールが不可欠となります。クロスドッキングでは、品物はサプライヤーからエンドユーザーに直接、出荷されます。

　品物は物流センターに長期保管されることはなく、一連の庫内業務を大幅に省略することも可能となります。そのため、クロスドッキングでは大規模な物流機器や設備は必要とされません。ただし、スムーズなクロスドッキングには高度な物流ノウハウが必要となります。

　さらにクロスドッキングに加えて、ダイヤグラム配送を導入するという選択肢もあります。集約された大規模物流センターなどから複数の工場、あるいは小売店舗に納入する際に、ダイヤグラム配送を組むことで積載効率のよい多頻度小口の物流システムの構築が可能になります。

　ダイヤグラム配送とは、納入先への荷の到着時間をあらかじめ定めて行われる配送方式です。毎日、あるいは週単位でルートが固定される場合と、その日によって配送ルートがランダムに異なるケースが想定されます。

　荷主の協力のもとに輸送計画を緻密に構築し、荷待ち時間を短縮し、必要なときに必要なモノを必要なだけ届ける物流を展開することが可能になるのです。

◎関連法令
貨物運送事業法第8条〜第10条

過剰出荷を解消し、返品量を削減

☞工場、物流センターなどからの過剰出荷を解消し、返品量を削減しましょう。

☞受発注の効率化、迅速化を実現し、洗練された綿密な運行計画を作成しましょう。

ここがポイント！

▶ 緊急出荷、緊急配送を可能な限り回避

当初の予定にない緊急出荷や緊急配送は、可能な限り回避したいところです。定期便や混載便の集荷時刻に間に合わなかった物品は、別便により出荷されることになります。こうした緊急出荷、緊急配送は当然ながら割高になります。また、ときにはタクシーを飛ばして営業所に届けたり、航空便に切り替えたりすることもあるでしょう。その結果、予定外のコストがかかることにもなります。

▶ 緻密な運行計画の作成

運行計画の作成に際しては、道路事情、交通規制、想定外の待機ロスなども十分に考慮して、運行計画に余裕を持たせるようにしましょう。

解説

　緊急出荷が多ければ、工場や物流センターはその対応に追われ、残業も必然的に増えます。輸送費がかさむだけでなく、人件費や残業費も増えるのです。したがって、緊急出荷は最小限に抑えたいところです。

　緊急出荷が多くなる理由として、オーダー処理の遅れで締め切り時刻がきちんと守られないことなどがあげられます。オーダーを迅速に処理する体制が構築されれば、緊急出荷はかなり減少するはずです。

　オーダー処理が遅れがちになる場合、「注文をまとめて処理したほうが能率が上がる」とバッチ処理（まとめ処理）しているケースが多々、見られます。バッチ処理ではなくリアルタイム処理（その都度処理）に切り替えることで締め切り、時刻にも適切に対応できるようになるはずです。

　また、特定の顧客へのサービスのために緊急出荷が行われることもあるでしょう。その場合も、「過剰なサービスになっていないか」ということを慎重に検討するべきでしょう。

　ちなみに、緊急出荷だけではなく、過剰出荷にも注意したいところです。「まとめて出荷しておくほうが便利だろう」という考えで過剰に出荷すると、業種によっては返品量の増大の要因となります。返品は出荷元の運賃負担となるわけですから、**返品量が増えることは輸送コスト増にもつながります。**

　荷主の立場から考えると、「欠品があっては大変なことになるから」「細かく製品を補充するのは面倒だから」などの理由で特定ユーザーや直営店などに多めに出荷することは過剰出荷となり、結局はマイナスにつながるのです。

◎関連法令
貨物自動車運送事業輸送安全規則第21条など

運行管理の充実で誤配送を回避

☞指差し呼称の励行で、配送先をしっかり確認しましょう。

☞万が一、誤配送が発覚したら、すみやかに発荷主、着荷主の双方に誠意をもって謝罪しましょう。

ここがポイント！

▶ 誤配送率を可能な限り低減

誤配送率（％）は、［年間誤配送件数÷年間全配送数］で算出されます。もちろん、0％となることが理想ですが、現実的にはできれば0.005％以下が望ましいです。0.05％を上回る場合には、なんらかの抜本的な対策が必要になります。

▶ 誤出荷にも注意

物流センターなどのピッキングミスなどに起因し、梱包や出荷処理の段階で出荷先を誤ってしまうことを誤出荷といいます。誤出荷はトラック運送会社側の責任とはいえませんが、誤解されて責任を問われるケースもあります。その場合は、自らに非がないことを丁寧に説明し、物流センター側と相談して、きちんとした事後対応や改善策をとるようにしましょう。

　誤配送率を下げるには、配送計画がたんに効率のみを追い求めるがために人間工学などの見地からムリが生じていないか、言い換えれば、**書類上は問題はなくても、実際はドライバーにとってハードすぎる内容になっていないかを十分に検討する必要もあります**。たとえば、必要以上のピーク時間帯への指定配送などが物流効率を悪化させ、誤配送の遠因となることもあります。

　配送ミスの多発を防ぐためには、トラックドライバーにプロ意識を持って配送してもらうことも重要ですが、そうした人的要因だけでなく、物流システム自体に問題があるケースも少なくありません。たとえば運転時間に余裕を持たせて、配送先の総数を減らせば、納品ミスは起こりにくくなります。あわせて、配送貨物の総量が運送会社の規模や能力に見合っているかどうかについても見直してみる必要があります。

　誤配送率の改善には不適正な配車ルート、安すぎる運賃、必要以上のピーク時間帯への指定配送などを解消する必要があります。とくに配送ルートが不適正の場合、トラックドライバーに大きな負担がかかり、意に反して誤配送に結びつく恐れが大きくなります。

　したがって、誤配送を防ぐにはまず、配送ルートが適切かどうかチェックする必要性があります。ただし、配送先数が多くエリアが広い場合、策定に時間がかかることがあります。そこでTMSを活用し、配送ルートの適正化を行います。

　さらに、**トラックドライバーが指差し呼称の徹底、車内の5S（整理・整頓・清潔・清掃・躾）の励行、運転日報の正確な記入などを常に行うことも大切です**。

◎関連法令
貨物自動車運送事業法第10条など

荷捌き作業の機械化・自動化で効率的な運行・輸送システムを構築

> ☞かご台車やパレットなどの活用で、運行効率を向上させることが可能になります。
>
> ☞スムーズな荷卸しを実現することで納入時の滞店時間を短縮し、運行計画のムダを省くことが可能になります。

ここがポイント！

▶ **同一配送先には同一梱包で効率化を推進**

一例をあげると、機械本体と付属部品などは特殊な事情がなければ、同一の梱包でまとめて配送しておきたいところでしょう。出荷先別にピッキングした物品をまとめ、一緒に梱包することで、物流コストの削減が可能になるわけです。

▶ **容積率を考慮した荷造り**

容積率の低い重量物と容積率の高い軽量物などを組み合わせることによって、トラックの積載効率を最大限に高めることも可能になります。「いかに荷物を積み込むか」ということを工夫することで、物流コストを相当に削減できます。空きスペースの発生に対して「どうしたら補えるか」ということを常に考える姿勢が大切になるのです。

解説

「出荷先での荷卸しに時間がかかる」などの課題を抱えることがあります。この場合、出荷先の逆順に出荷指示を出すことによって、出荷先での作業時間が短縮できます。出荷先での荷卸しがスムーズになるので、残業時間など人件費が圧縮できます。

たとえば、A、B、C、D、Eの順にトラックが荷物を出荷先に運んでいくとします。この場合、荷物がトラックの奥から、E、D、C、B、Aの順に並んでいれば、出荷先での荷卸しに時間がかからないわけです。このことを念頭に工場や物流センターで出庫ラベル、作業指示書を作成し、作業にあたるようにします。

また、出荷先が同じ物品は可能な限りまとめて梱包することで、配送コストや開梱の手間を最小限にすることができます。一例をあげると、機械本体と付属部品などは特殊な事情がなければ同一の梱包でまとめて配送しておきたいところでしょう。**出荷先別にピッキングした物品をまとめ、一緒に梱包することで、物流コストの削減が可能になるわけです。**

物流現場のなかには、「どの物品とどの物品の出荷先が同じかはっきりしない」というところもあるでしょう。ピッキング、仕分け、トラック積込みなどのそれぞれの担当者の情報共有が十分にできていないためです。

その対策として、トヨタ生産方式の物流版である「トヨタ物流方式」では、マグネットボードでできたピッキング作業指示板などを用意しています。**「見える化」を推進し、出荷先の逆順に出荷作業を行うことを徹底していくわけです。**

◎関連法令
道路交通法第57条など

ロジスティクスドローンの進化

トラックドライバー不足対策として、ロジスティクスドローンの導入も大きな注目を集めています。離島などの遠隔地への配送や、緊急を要する医薬品配送などへの導入がすでに進んでいます。また、都市部でもネット通販のタワーマンションへの配送に活用していく構想もあります。

ドローンの操縦については、法改正を経て、「無人航空機操縦者技能証明」（ドローンの国家ライセンス制度）により、国家資格として「一等無人航空機操縦士」「二等無人航空機操縦士」が設けられています。国交省が認定したドローンスクールで学科と実地の講習を受け、実地修了試験、身体検査、学科試験に合格することで資格を取得します。腕に自信があれば、ドローンスクールに通わずに指定試験場で一発合格を勝ち取ることも可能です。

ロジスティクスドローンの活用でも、「帰り荷」を確保した実証実験も行われています。ドローンデポとゴルフ場、病院を結ぶ輸送ネットワークにドローンを導入したケースです。まず、ロジスティクスドローンがゴルフ場に併設されたレストランまで野菜類を運び、そこで調理した弁当を病院に運び、病院で薬剤などをドローンに積載して戻るというオペレーションです。また、災害用ドローンポートシステムを活用した支援物資輸送のモデル化も進んでいます。

ちなみに一般社団法人日本UAS産業振興協議会では「無人航空完全運航管理者」（JUIDA）という認定資格を出しています。運行管理者の多くがJUIDAを取得する日も近いかもしれません。

付録

付録 運行管理業務における 物流KPIの設定

■物流KPIとは

運行管理業務をより円滑に進めていくにあたって、物流KPI（KPI：Key Performance Indicators、重点業績評価指標：物流管理指標）の活用を図ることが効果的です。

物流KPIとは、物流を管理するための基本となる指標です。主な指標項目としては、輸配送、倉庫・保管、荷役・流通加工、包装、環境などがあげられます。本書では、輸配送関連の指標に新たに運行管理関連の指標を加え、チェックリストを作成しました。物流KPIを導入することによって、輸配送および運行管理コストなどを同業他社と比較しながら行うことが可能になります。改善基準が設定できるのです。

とくに、運行管理業務を必要とするトラック運送事業などを事業の中核に据えている物流事業者の視点から考えると、3PLなどの企画立案・提案の際の基本資料、営業資料にもなり、同業他社との比較優位を示す際の有力なツールとなります。自社の物流改善能力の証明も容易になります。

さらには、3PL契約書などに数値を盛り込み、目標設定を明確化することも可能になります。

■機能別の物流KPIの設定

チェックリストは、輸配送および運行管理のフィールドにおける達成度をKPIを通して診断するためのツールとなっています。

①輸配送KPI

輸配送関連のKPIには、積載率、実働率、実車率、誤配送率などがあげられます。とくに、積載率を最大にすることがコストパフォーマンスに大きな影響を与えるということに留意しておきましょう。

②運行管理KPI

運行管理においては、「いかに安全な運行を確保できるか」という視点からKPIを設定しました。したがって、反対に貨物破損率や臨時運行率など、限りなくゼロに近づけるべきKPIが多くなります。効率化と安全の確保の両立が必要になるわけです。

■活用にあたっての留意点

物流KPIを活用することで、物流活動の実態を客観的に把握し、効率的に物流改善を進めることが可能になります。

しかし、定量的なデータに逆に振り回されるリスクも出てくるので、その点についての注意を十分に払う必要もあります。その分析や検証が十分にできないにもかかわらず、広範に定量的なデータの収集を行えば、それに伴うコストがマイナスに作用することになるわけです。氾濫する情報に惑わされず、必要なデータを的確に収集し、分析、検証し、物流改善、コスト削減に役立てていく姿勢が求められます。

物流KPIを導入して物流改善を進める場合、それぞれの指標が「どのような目的で必要とされ、どのようにそのデータを活かし、どのように現場の改善に結びつけていくか」ということを入念に検討する必要もあります。「物流コストを一時的に削減しても効果が長く続かない」というわけです。改善状況を維持していくには、数字には現れない「現場力」などの強化も必要になってくるのです。

物流の現場起点で日々、物流コスト削減の方策が工夫されていく好循環を構築し、「積載効率や保管効率をより高める努力」を各自が工夫し続けることで、物流KPIを導入する効果が増幅されることになるわけです。

物流KPIの導入にあたっては、しっかりとしたロジスティクス戦略の構築と物流改善目標の設定などの入念な準備が不可欠となるわけです。

【物流KPIチェックリスト】

項目		実績値 （現状）	改善策	目標値	6カ月後
①輸配送KPI	1 積載率（積載効率）				
	2 実車率				
	3 トラック実働率（稼働率）				
	4 運行効率				
	5 配送効率（単位配送時間）				
	6 配送頻度				
	7 配送先数				
	8 最小配送ロット				
	9 誤配送率（誤配率）				
	10 日次収支（トラック運送）				
	11 納期順守率				
	12 遅延・時間指定違反率				
	13 納品先待機時間（平均）				
	14 庭先作業実施率				

善状況		改善評価	計算式
2カ月後	18カ月後		
			積載率(%)=積載トン数÷積載可能トン数×100
			実車率(%)=積載走行距離÷総走行距離×100
			トラック実働率(%)=稼働日数(時間)÷総日数(時間)×100
			運行効率(%)=積載効率×実車率×稼働率 運行効率(%)=平均積載率×稼働率
			配送効率(時間)=配送行為総時間÷配送件数
			配送頻度=配送回数÷営業日数
			配送先の合計
			配送ロットでもっとも小さいもの
			誤配送率(%)=年間誤配送件数÷年間全配送数×100
			日次収支=1日当たりの収益−1日当たりのコスト
			納期順守率(%)=納期順守件数÷総発注件数×100
			遅延・時間指定違反率(%)=遅延・時間指定違反件数÷総発注件数×100
			納品先待機時間(平均)=納品先待機総時間÷納品先待機回数
			庭先作業実施率(%)=実施回数÷納品回数(付帯作業別の実施率を求める)×100

項目			実績値 (現状)	改善策	目標値	6カ月後
②運行管理KPI	15	事故報告率				
	16	中間点呼実施率				
	17	事故速報発生率				
	18	共同点呼実施率				
	19	IT点呼導入率				
	20	交通違反発生率				
	21	貨物破損率				
	22	臨時運行率				
	23	緊急出荷率				
	24	トラック運送原価				
	25	トラックCO_2排出量				
	26	モーダルシフト導入率				
	27	総輸送トンキロ				

*改善評価はA〜Eで記入　　A:80%以上　B:70%以上80％未満
C:60%以上70%未満　D:50%以上60%未満　E:50%未満

善状況		改善評価	計算式
2カ月後	18カ月後		
			事故報告率(%)＝事故報告件数÷総運行件数×100
			中間点呼実施率(%)＝中間点呼実施数÷中間点呼機会総数×100
			事故速報発生率(%)＝事故速報件数÷総運行件数×100
			共同点呼実施率(%)＝共同点呼実施数÷共同点呼機会総数×100
			IT点呼導入率(%)＝IT点呼実施営業所数÷総営業所数×100
			交通違反発生率(%)＝交通違反件数÷総運行件数×100
			貨物破損率(%)＝輸送時貨物汚損・破損点数÷出荷総点数×100
			臨時運行率(%)＝年間臨時運行件数÷年間臨時運行総件数×100
			緊急出荷率(%)＝年間緊急出荷件数÷年間出荷総件数×100
			車両費、燃料費、油脂費、タイヤ費、修繕費、車検費用、租税公課(自動車税、自動車税、重量税)、保険料(自賠責保険＋任意保険)、ドライバー人件費、関連施設費、金利に高速道路料金、フェリー料金、事故処理費用などを加えて算出
			(改良トンキロ法) トラックCO_2排出量($t\text{-}CO_2$)＝[輸送重量(t)×輸送距離(km)]×改良トンキロ法燃料使用量原単位
			モーダルシフト導入率(%)＝モーダルシフト貨物量÷総貨物量×100
			総輸送トンキロ(tkm)＝総輸送重量(t)×総輸送距離(km)

【労働時間・休息時間のまとめ】

時間・日名	1日、あるいは短期	1か月単位、あるいは長期	備考
拘束時間	原則13時間以内、15時間を限度(14時間を超える回数は1週間に2回を目安)	1か月に284時間以内	1年間の拘束時間は3300時間が限度。労使協定を締結した場合は3400時間、1か月の拘束時間を310時間まで延長可能。ただし、284時間を超える月が3か月を超えて連続しないものとし、1か月の時間外・休日労働時間数が100時間未満となるように努めなければならない
時間外労働時間	月60時間を超える時間外割増賃金率は50%(通常の割増賃金率は25%)	年間の時間外労働時間(残業時間)の上限は960時間	時間外労働の上限規制に従わない場合は6か月以下の懲役または30万円以下の罰金
運転時間	連続して運転できるのは4時間まで(運転を中断した場合には、原則として1回につきおおむね10分以上、合計30分以上の休憩時間を設けなければならない)	2週間を平均した1週間あたりの運転時間 は44時間まで	特定の日を起算日として2日ごとに区切り、その2日間の平均について、 ①(特定日の前日の運転時間)＋(特定日の運転時間)÷2 ②(特定日の翌日の運転時間)＋(特定日の運転時間)÷2 ①、②がともに9時間を超える場合は改善基準告示に違反し、そうでない場合は違反しない
休憩時間	労働時間が6時間を超える場合は45分以上、8時間を超える場合は1時間以上の休憩		
休日	2週間に1回を超えず、かつ休日労働によって拘束時間の上限を超えないようにする	年5日の有給休暇の取得が義務	労働基準法では最低条件として週休1日を原則としているが、多くの企業は週休2日制を採用

【休息期間のまとめ】

期間名	1日当たり	分割休息	2人乗務の特例 休息期間	隔日勤務の特例 休息期間	フェリー乗船による特例 休息期間
休息期間	継続11時間を基本とし、9時間が下限	業務の必要上、勤務終了後に継続8時間以上の休息時間を与えることが困難な場合には、当分の間、一定期間(最長1か月)における全勤務回数の2分の1を上限に、合計10時間以上、継続3時間以上に休息を分割できる。ただし、3分割した場合は合計12時間以上の休息期間が必要になり、なおかつ休息が3分割される日が連続しないように努めることとなっている。	1日の最大拘束時間を20時間まで延長でき、休息期間を4時間まで短縮できる。ただし、一定の基準を満たす車両内ベッドなどがあれば24時間までの延長ができる。さらに当該設備で8時間以上の仮眠をとれば28時間まで延長できる。	*2暦日における拘束時間は21時間を超えないただし、事業場内仮眠施設または使用者が確保した同種の施設において、夜間に4時間以上の仮眠時間を与える場合には、2週間に3回を限度に、この2暦日における拘束時間を24時間まで延長することができる。この場合でも、2週間における総拘束時間は126時間を超えることはできない。*勤務終了後、継続20時間以上の休息期間を与えること。	フェリー乗船時間は原則として休息期間として取り扱う。与えるべき休息期間の時間からフェリー乗船中の休息時間について減じることができるが、減算後の休息期間はフェリー下船時刻から勤務終了時刻までの間の時間の2分の1を下回ってはならない。

【トラック運送 点呼項目】

〈乗務前点呼〉

- トラックドライバーによる日常点検実施、安全に運行できる状態にあるかどうかを確認
- アルコールチェック(目視確認、およびアルコール検知器を用いての確認)
- 健康状態の確認(前日の睡眠、体調、服薬の有無など)
- 道路の混雑、工事、交通規制、気象状況などから予測される危険性についての注意と運行の安全に必要な指示
- 休憩場所、時間などについての指示
- 携行品チェック(免許証、業務用必要な帳票類など)
- 車検証、自賠責保険などの確認(有効期限など)
- 服装チェック(指差し確認)
- 積荷についての確認
- その他の注意事項
- 点呼記録簿に記録

※点呼執行場所での実施

〈乗務後点呼〉

- 事故、交通違反などの有無
- 運転状況、運行車両状況の報告・確認
- アルコールチェック
- 道路状況の注意・確認(翌日の運行などに役立てるため)
- 積荷状況の異常の有無、苦情の有無の確認
- 速度超過、連続運転超過などの有無の確認
- 健康状況の確認
- 携行品などの回収
- 翌日の出勤時刻などの確認
  (トラックドライバーにねぎらいの言葉をかける)
- 点呼簿に記録

※点呼執行場所での実施

〈中間点呼〉

- アルコールチェック（点呼直前にデータを伝送）
- トラックドライバーの健康状況、疲労具合などの確認
  （安全な運転が可能かどうかを確認）
- 道路状況の注意・確認（運行に遅れはないか、など）
- 安全な運行について指示
  ※運行指示書を作成し、電話、その他の方法での実施

【運行管理業務関連計算式】

●運行管理者選任数（人）
計算式：（当該営業所で管理している事業用自動車の台数）
－（被けん引自動車の台数）÷30＋1

●運転時間（時間）
2日平均が特定日前日か、特定日翌日のいずれかで9時間
を超えなければよい
計算式：運転時間（特定日前日＋特定日）÷2＞9（時間）
　　　　運転時間（特定日＋特定日翌日）÷2＞9（時間）

●トラックなどの停止距離（km）
計算式：空走距離＋制動距離
ここで、空走距離＝秒速×空走時間（距離＝速さ×時間）

●燃料消費率（%）
計算式：走行距離÷消費燃料×100

●平均賃金（円）
計算式：事由発生日以前3カ月間の賃金総額÷
　　　　事由発生日以前3カ月間の総日数

●追越に必要な距離

計算式:

$$\left[\binom{追越車両の全長+前方車両の全長+}{追越前車間距離+追越後車間距離}\times(追越車両の速度)\right]$$

$$\div[(追越車両の速度)-(前方車両の速度)]$$

【走行時に発生する現象】

名称	現象	対策
ジャックナイフ現象	連結車両が滑りやすい路面で「くの字」になる。	滑りやすい路面での急ブレーキ、急ハンドルを避ける。
スタンディングウェーブ現象	タイヤの接地部が波打ち状態になり、セパレーション(剥離)やコード切れや発生する。	タイヤの空気不足での高速走行を避ける。
ハイドロプレーニング現象	水のたまった路面を走行する際にタイヤと路面の間に水膜ができてハンドル、ブレーキが効かなくなる。	ブレーキ、ハンドルに頼らずにギアのシフトダウンなどで減速する。
フェード現象	ブレーキドラムやブレーキライニングが摩擦、過熱し、ブレーキの効きが悪くなる。	フットブレーキを交換する。
ベーパーロック現象	フェード現象が発生した場合などに、そのままブレーキをかけ続けるとブレーキ液が沸騰し、ブレーキが効かなくなる。	フェード現象が発生した場合、ブレーキをかけ続けない。

索　引

か

著 者 略 歴

鈴木　邦成（すずき　くにのり）

物流エコノミスト、日本大学教授（物流・在庫管理などを担当）。一般社団法人日本SCM協会専務理事。日本物流不動産学研究所アカデミックチェア。レンタルパレット大手のユーピーアールの社外監査役も務める。主な著書に『基礎からわかる物流現場改善』、『現場で役立つ物流／小売・流通のKPIカイゼンポケットブック』、『入門 物流現場の平準化とカイゼン』、『入門 物流（倉庫）作業の標準化』、『お金をかけずにすぐできる事例に学ぶ物流現場改善』、『図解 国際物流のしくみと貿易の実務』、『図解 物流の最新常識』、『トコトンやさしいSCMの本第3版』、『トコトンやさしい物流の本第2版』『トコトン小売・流通の本』（いずれも日刊工業新聞社）、『すぐわかる物流不動産』（白桃書房）『シン・物流革命』（幻冬舎）『J-REITは「物流」で儲けなさい』（玄文社）などがある。物流・ロジスティクス・サプライチェーンマネジメント関連の学術論文、雑誌寄稿なども多数。

物流・トラック運送の実務に役立つ
運行管理者(貨物)必携ポケットブック 第2版 NDC685

2024年2月26日　初版1刷発行

定価はカバーに
表示してあります

　　Ⓒ著　者　　鈴木　邦成
　　　発行者　　井水　治博
　　　発行所　　日刊工業新聞社
〒103-8548　東京都中央区日本橋小網町14-1
電　話　書籍編集部　03 (5644) 7490
　　　　販売・管理部　03 (5644) 7403
F A X　03 (5644) 7400
振替口座　00190-2-186076
U R L　https://pub.nikkan.co.jp/
e-mail　info_shuppan@nikkan.tech
本文デザイン・DTP　新日本印刷(株)
印刷・製本　新日本印刷(株)